航空经济论丛

经济管理学术文库·经济类

河南省
航空物流产业发展研究报告

Research Report of
Henan' Aviation Logistics Industry Development

金 真 王小丽 王永刚 / 编著

经济管理出版社

ECONOMY & MANAGEMENT PUBLISHING HOUSE

图书在版编目（CIP）数据

河南省航空物流产业发展研究报告/金真，王小丽，王永刚编著．—北京：经济管理出版社，2015.12

ISBN 978 - 7 - 5096 - 4091 - 3

Ⅰ．①河… Ⅱ．①金… ②王… ③王… Ⅲ．①航空运输—货物运输—物流—产业发展—研究报告—河南省 Ⅳ．①F259.276.1

中国版本图书馆 CIP 数据核字（2015）第 298595 号

组稿编辑：曹　靖
责任编辑：杨国强
责任印制：司东翔
责任校对：雨　千

出版发行：经济管理出版社
　　　　　（北京市海淀区北蜂窝 8 号中雅大厦 A 座 11 层　100038）
网　　址：www. E - mp. com. cn
电　　话：（010）51915602
印　　刷：北京九州迅驰传媒文化有限公司
经　　销：新华书店
开　　本：720mm × 1000mm/16
印　　张：13
字　　数：208 千字
版　　次：2015 年 12 月第 1 版　　2015 年 12 月第 1 次印刷
书　　号：ISBN 978 - 7 - 5096 - 4091 - 3
定　　价：48.00 元

前　　言

2013 年 3 月 7 日，国务院正式批复《郑州航空港经济综合实验区发展规划（2013～2025 年）》，郑州航空港经济综合实验区成为全国首个上升为国家战略的航空港经济发展先行区。围绕郑州航空港经济综合实验区建设，发展航空物流产业、建设国际航空物流中心将是下一阶段全省物流业发展的核心工作。然而，河南省航空物流业形成、发展的时间短，尚处于成长发育阶段，更缺少国际航空物流中心、航空物流产业方面的系统研究，航空物流理论研究相对滞后，无法满足快速发展的航空物流实践需求。

航空经济发展河南省协同创新中心航空物流研究团队在系统总结国内外学者关于航空物流中心问题的研究成果的基础上，给出了国际航空物流中心的确切定义，对国际航空物流中心的内涵、特征及其与传统物流中心的区别和联系进行了深入细致的分析，为国际航空物流中心的构建奠定了理论基础。根据团队近年来服务航空港实验区航空物流企业、电子行业物流企业、电商物流企业的经验积累，提出了全方位发展航空物流产业的建议路径：壮大航空物流企业自身实力，加强航空物流企业间的战略合作，增加航空物流产业需求本源。本书也是河南省科技厅重大软科学招标课题"郑州航空港经济综合实验区建设和发展路径研究（132400411008）"的主要研究成果。

郑州航空港经济综合实验区是区域优势推动航空经济发展的实验区，是航空物流理论和实践的"试验田"。本书是航空物流理论和实践试验田中的一棵小苗，因此，本书有许多值得进一步探索和完善的地方，有不当之处，敬请同行专家和读者批评指正。

本书共分九章，第一章对航空物流产业发展的若干理论问题进行了系统阐述；第二章归纳总结了国际航空物流中心建设的经验与启示；第三章分析了河南省航空物流产业发展的基础与条件；第四章分析了航空港实验区建设国际航空物流中心的战略定位；第五章针对郑州国际航空物流中心建设展开分析；第六章针对国际航空物流网络建设展开分析；第七章重点分析了航空物流产业发展路径；第八章归纳分析了航空物流产业发展政策；第九章总结分析了航空港实验区航空物流业的发展现状与问题。

本书是大家集体合作的成果。金真、王小丽、王永刚共同拟定了写作提纲，并做了全书的审稿、定稿工作。各章撰写者如下：金真（第一章第一节第二节、第四章、第五章、第六章第二节、第七章、第九章）；王小丽（第一章第三节、第二章、第六章第一节）；王永刚（第六章第三节第四节、第八章）；王焰（第三章第一节）；刘洪波（第三章第二节）；马彦波（第六章第五节）。本书的完成得到河南工业大学王焰教授的大力支持，在此表示衷心感谢。

书中参阅大量图书资料，谨对作者表示深深的谢意。

著者

2015 年 10 月

目　录

第一章　航空物流产业发展的理论概述

第一节　航空物流

一、航空货运——从空间维看航空物流

（一）航空运输——按运输合同、运输对象、飞行方式分类

航空运输又称飞机运输，它是在具有航空线路和飞机场的条件下，使用飞机、直升机及其他航空器运送人员、货物、邮件的一种运输方式。

航空运输分类有三种。

1. 按运输合同方式分类

国内航空运输是指根据当事人订立的航空运输合同，运输的出发地点、约定的经停地点和目的地点均在中华人民共和国境内的运输（《中华人民共和国民用航空法》第一百零七条）。

国际航空运输是指根据当事人订立的航空运输合同，无论运输有无间断或者有无转运，运输的出发地点、目的地点或者约定的经停地点之一不在中华人民共和国境内的运输（《中华人民共和国民用航空法》第一百零七条）。

这两个概念是参照中国已参加的《华沙公约》和《海牙议定书》规定的主要精神形成的，决定航空运输性质的唯一标准是运输的"出发地点"、"目的地

点"和"约定的经停地点"是否均在中国境内，而确定"出发地点"、"目的地点"和"约定的经停地点"的依据则是当事人双方订立的航空运输合同，即双方当事人的事先约定，一般不考虑在实际履行该运输合同过程中是否因故而实际改变了航路。

2. 按运输对象方式分类

从航空运输的对象出发，可分为航空旅客运输、航空旅客行李运输和航空货物运输三类。

作为一种昂贵的交通手段，飞机早期只是作为客运交通工具。第二次世界大战时，航空货物运输仅局限于运输邮件和急需品，随着社会经济的发展，航空货运从最初作为航空公司客运业务的补充，发展成为今天航空运输市场的重要组成部分，尤其是引进了宽体飞机和全货机之后。

3. 按飞行方式分类

班机运输（Scheduled Airline）指具有固定开航时间、航线和停靠航站的飞机。通常为客货混合型飞机，货舱容量较小，运价较贵，但由于航期固定，有利于客户安排鲜活商品或急需商品的运送。

包机运输（Chartered Carrier）是指航空公司按照约定的条件和费率，将整架飞机租给一个或若干个包机人（包机人指发货人或航空货运代理公司），从一个或几个航空站装运货物至指定目的地。包机运输适合于大宗货物运输，费率低于班机，但运送时间则比班机要长一些。

集中托运（Consolidation）可以采用班机或包机运输方式，是指航空货运代理公司将若干批单独发运的货物集中成一批向航空公司办理托运，填写一份总运单送至同一目的地，然后由其委托当地的代理人负责分发给各个实际收货人。这种托运方式，可降低运费，是航空货运代理的主要业务之一。

航空快递业务（Air Express Service）是由快递公司与航空公司合作，向货主提供的快递服务，其业务由快递公司派专人从发货人处提取货物后以最快航班将货物出运，飞抵目的地后，由专人接机提货，办妥进关手续后直接送达收货人，称为"桌到桌运输"（Desk to Desk Service）。这是一种最为快捷的运输方式，特别适合于各种急需物品和文件资料。

（二）国际航空货物运输——航空区划、世界机场、飞行器

1. 航空区划

出于保证国际航空运输的运营安全，以及国际民航组织（ICAO）规定，各国航空运输企业在技术规范、航行程序、操作规则上的一致性原则，国际航空运输协会（IATA）将世界划分为三个航空运输业务区，称为"国际航协交通会议区"（Traffic Conference Areas，IATA），以方便各国及地区航空运输企业之间的运输业务划分与合作。

国际航协将全球分成三个区域，简称航协区（Traffic Conference Areas，IATA），每个航协区内又分成几个亚区。由于航协区的划分主要从航空运输业务的角度考虑，依据是不同地区不同的经济、社会以及商业条件，因此与我们熟悉的世界行政区划有所不同。

一区（TC1）：包括北美、中美、南美、格陵兰、百慕大和夏威夷群岛。

二区（TC2）：由整个欧洲大陆（包括俄罗斯的欧洲部分）及毗邻岛屿，冰岛、亚速尔群岛，非洲大陆和毗邻岛屿，亚洲的伊朗及伊朗以西地区组成。

三区（TC3）：由整个亚洲大陆及毗邻岛屿（已包括在二区的部分除外），澳大利亚、新西兰及毗邻岛屿，太平洋岛屿（已包括在一区的部分除外）组成。

2. 世界机场空间格局

机场，亦称飞机场、空港，较正式的名称是航空站，是专供飞机起降活动的飞行场。机场有不同的大小，除了跑道之外，机场通常还设有塔台、停机坪、航空客运站、维修厂等设施，并提供机场管制服务、空中交通管制等其他服务。

机场一般分为军用和民用两大类，用于商业性航空运输的机场也称为航空港（Airport），我国把大型民用机场称为空港，小型机场称为航站。

目前，全世界约有机场 49000 个[①]，主要分布在美洲和欧洲（见图 1 - 1）。其中，美国可供飞机起降的专用场所有（含无跑道的机场）19990 个，占世界机场总量的 2/5；巴西拥有机场 4263 个，居世界第二位；墨西哥拥有机场 1934 个居世界第三位；加拿大拥有机场 1343 个，居世界第四位；阿根廷拥有机场 1272

---

① 王姣娥，莫辉辉，金凤君. 世界机场空间格局及对中国的启示［J］. 世界地理研究，2008（9）.

个，位居世界第五位；俄罗斯拥有机场 1206 个，居世界第六位。

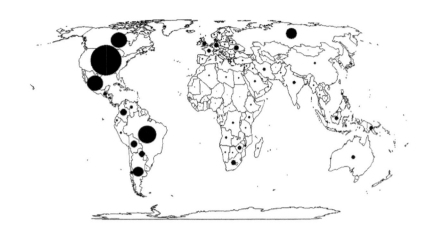

图 1 - 1 世界机场空间格局示意图

从世界机场空间格局分析，南美洲国家虽拥有相当数量的机场，但其在世界民航中的地位相对较小。2006 年，国际民航组织统计的民航运输总周转量位列世界前 30 位的国家中，南美洲仅有巴西（第 19 位）列入。世界旅客运输前 50 位的机场吞吐总量约 19 亿人次，占世界客运总量的 43.2%；这些机场主要位于北纬 20°~60°，分布在美国、欧盟以及亚太地区，非洲与拉丁美洲则基本为空白。

除民航超级大国美国及传统意义上民航较为发达的欧洲国家如英、法、德、意等之外，目前亚洲的中国、新加坡、日本等国在世界民航运输市场中占有重要的地位。虽然这些民航大国近几年的航空运输总周转量都保持平稳的上升趋势，但中国的增长速度更为迅猛，2007 年已超过德国，位居世界第二位。

从民航机场分布格局分析，中国、俄罗斯和巴西的机场密度明显偏低，中国机场平均分布密度为每万平方公里 0.16 个，美国机场密度为每万平方公里 0.58 个，约为中国的 3 倍。与英国、法国、意大利等西欧国家比较，中国机场密度更低。且中国、俄罗斯和巴西的人均民航出行量也相对较低，均不到 100 吨千米/人，中国平均水平不到美国的 1/20。

3. 飞机的分类

按照机身的宽度划分：宽体飞机和窄体飞机。

按照用途划分：全客机、全货机、客货两用机。

截至 2012 年 11 月，世界上运营的商用飞机总共为 24350 架。北美地区所占的市场份额最大（33%），其次是欧洲（36%）、亚太地区（24%）、南美（8%）、非洲（5%）和中东（4%）。北美地区的窄体飞机、支线喷气飞机和涡轮螺旋桨飞机数量最多，亚太地区宽体飞机的数量最多，略多于北美地区。窄体喷气式飞机占了世界飞机数量的 50%，宽体飞机占全球份额的 18%。支线喷气飞机和涡轮螺旋桨飞机市场集团在全世界所占的份额分别为 14% 和 18%。[①]

4. 货机发展

国际民航组织的数据表明，货运交通（吨千米）随着全球 GDP 的增加而增加，但具有短暂的停滞和下降情况，这是通过货运飞机容量的增长得以实现的。20 世纪 90 年代中期以来，大型飞机能提供越来越大的运力。1980 年，大型宽体飞机运力占 30%，1990 年增长到 36%，2000 年增长到 43%，2010 年增长到 60%，预计到 2031 年，会增长至 65%。

大型宽体运货飞机中有一半的飞机都是波音 747。随着 L－1011 退役，DC－10 所占份额下降以及 MD－11 所占份额达到最高点，波音 747－8 和波音 777－200 将会带来更多增长，两种飞机都有充足的订货量。随着 A380 货机计划的取消，空中客车似乎错过了这次机会。但也许随着 A380 计划背后问题的解决，空中客车将恢复其货机计划。

预计亚太和中国地区的经济增长会更加快速，而且也会继续从西方的经济增长转为东方的经济增长。北美对全球运力的贡献在 1997 年达到最高，约占 67%，在 2010 年末降至 53%，预计在 2031 年将持续下降至约 48%。就飞机数量而言，预计在 2031 年约有 4000 架现役货机，几乎增加了 2000 架。当然，供货中有些是用于更换回收的老旧飞机。

未来 20 年全球航空货运量的年均增长率将达 4.8%，全球货运机队规模也将

① 李炳谦. 航空公司雇员与机队趋势预测［EB/OL］. 民航资源网，2013－04－02.

增至 3000 架，是目前数量的近两倍。中国成为推动航空货运业增长贡献最大的国家。发展中国家交通流量的长期强势增长将赶超发达国家。

该预测是基于全球贸易、个人消费以及工业生产等全球经济活动的上升趋势所做的。预测指出，新兴市场国家是航空货运市场中增长最快的，亚太地区在全球货运市场中占据的市场份额已达 36%，2032 年将增至 42%。目前，中国在全球航空货运市场中所占的份额为 15%，2032 年将增至 22% 左右。相比之下，2012 年欧洲、独联体和北美地区发达国家的货运量占全球市场份额的 51%，但到 2032 年这一比例将降至 45%。

全货机仍然将是全球货运的重要组成部分，客机机腹货运的比例将保持稳定。到 2032 年，全球航空货运业需要新增约 2700 架全货机和由客机改装的货机，以满足行业总体需求。其中，半数以上是为了实现现有货机机队的新老更替，其余的则用于航空货运业发展新需要。在 2700 架新飞机中，870 架是新生产的货机，总价值约 2340 亿美元，约 1860 架将由客机改造为货机。此外，客机机腹运输货物在国际货运中所占有的比例将继续维持在 50% 左右。

全球经济正在复苏，各个新兴市场将对航空货运的灵活性提出更高要求，中型货机将是实现这种更高灵活性的主要方式。因此，未来航空货运的核心需求将是中型货机。现代化的中型货机，将在货运机队更替和货运业的长期增长中发挥重大作用。

在目前的全球货运机队中，大型货机所占的比例为 32%，主要用于美国、欧洲和亚洲三大市场之间的远程运营。小型货机占 23%。随着中国和印度等国家快递货运市场的蓬勃发展，小型货机的数量从 2012 年的 380 架增至 2032 年的 600 余架，但是该机型在全球机队中的总比例会微降至约 21%。

中型货机特有的灵活性使航空公司能适应航空货运市场的变化。目前，现役机队中中型货机的比例为 45%，并且正越来越多地应用于区域快递以及区域和远程普通货运服务。

受新兴市场经济增长的推动，尤其是在中国，未来中型货机的数量将迅速增长。2012 年底，全球中型货机数量为 744 架，预计到 2032 年这一数字将超过 1290 架。这样一来，中型货机在全球货运机队中的比例将维持在 45%。A330 –

200F 货机和 A330 - P2F "客改货" 飞机，将让货机市场处于有利地位。

5. 航空货物运输

航空货物运输中的货物被定义为飞机载运的任何物品，它不包括邮件和持有效客票及行李票的旅客旅行所携带的行李（作为货物运输的行李除外）。

航空货物运输限制条件有重量限制和体积限制两种。

由于航空货物运输具有高速、安全等优势，其服务的产品大多数是体积小、货期短、商业与科技附加值高的贵重物品和易碎等特殊商品。其中，航空邮件和航空快件是世界各大航空货运公司的重要业务。另外，随着科技进步和人民生活水平的提高，新产品的开发与推出速度加快，特别是信息技术含量高的电子类产品，其市场生命周期越来越短，其对运输和配送的时效性要求越来越高，也成为航空物流服务的主要对象。

目前，国外航空公司承运的货物多以高附加值、运输价格承受力强的快件、电子电器、生物医药等为主。我国航空货运产品主要集中于鲜活产品（如鲜花、水果、海鲜）、精密仪器产品（如医疗器械）、电子产品（如芯片、计算机）、商务文件、通信产品（如手机）五个行业。

（三）航空货运市场——国内与国际市场

1. 国内、国际航空货运情况

国内航空货运情况：国内航空货运发展速度比较快，但主要依赖客机的腹舱带货。同时，由于航空公司市场准入和航权等方面的限制，国内航空运输市场只能由国内航空公司进行承运，航空货运完全取决于航空公司的客运航班的发展，近年来一直保持平稳的发展速度。

国际航空货运情况：国际航空货运的发展，在双边航空协定限制的基础上，国外的航空和国内的航空运输企业享有平等的竞争权利。由于国外的一些发达国家在航空运输方面处于明显的强势地位，我国航空公司在国际货运的发展和市场竞争上，相对处于弱势地位。近年来，随着我国民航政策，特别是航权及航空公司的准入制度的不断开放，我国航空公司在国际航空货物运输中尽管发展速度很快，但总体市场份额下降速度比较快，处于较为明显的劣势地位。

2. 世界航空货运新趋势

（1）货运经营战略地位提高，货运航空公司增多。航空货运仅是航空公司经营配角即"重客轻货"观念已经过时，取而代之的是许多大型航空公司在机构设置、机型选择、航线航班安排、收益核算等方面，赋予航空货运以应有的战略地位，或客货运分开经营核算，或建立货运公司独立运营。如中国香港国泰航空公司1998年将货运独立，有6架波音747货机，还预订了两架波音747-400型货机，1998年货运收入占公司总收入的26.4%，每吨千米收益27.6美分。一直只经营航空客运的中国香港港龙航空公司在2000年申请经营货运并获主管当局颁证，现在租美国阿特拉斯航空公司一架波音747货机经营国际货运。德国汉莎航空货运公司作为汉莎航空公司的子公司，除保持独立的货运网络，飞往60多个城市外，还租用母公司的客机货舱载货，2000年完成货运周转量76.7亿吨千米，居世界货运航空企业的第二位。此外，该公司还持有印度兴都杰货运航空公司40%的股权，在阿联酋的沙迦运营货运枢纽。1999年全球新成立经营定期航班货运的航空公司有16家，新成立经营定期航班客运的航空公司只有6家。2000年全球新成立的定期货运航空公司6家，而客运航空公司减少了5家。

（2）航空货运与航空快递的界限已消失。运输方式间的竞争，航空运输企业间的竞争，除运价收费标准等方面外，最关键的还是速度和服务质量的竞争。快速传递信息，加快包裹货物运送速度，是新经济时代的普遍要求。为适应时代要求，航空货运公司调整经营方式，改变对航空货运的态度，纷纷进入快递市场，信息采集使用计算机，实行海陆空联运，使航空货运和快递的界限融合在一起。

20世纪90年代，美国联邦快递公司多次调整发展战略，而每次调整都是围绕发送时间，现在已将跨洲发送时间由20世纪80年代的平均12天缩短到现在的平均2天。同时，联邦快递、联合包裹、敦豪等巨型航空货运公司均已进入邮件、包裹特快服务，收益十分可观。在美国，信函投递费每磅近20美元。近年，联合包裹等航空企业均有丰厚盈利，其中联合包裹公司1999年获纯利23亿美元。

（3）合作经营成为航空货运的普遍形式。航空货运合作经营，一是按1933年2月生效的《华沙公约》的规定，航空公司间实行跨国联合运输；二是按航空公司间签订的货运合作协议或航空货运代码协议，实行跨国合作运输，形成环球货运服务网络；三是国际多式联运，航空公司与相关国家的地面运输公司签订协议，由其承担空运货物到达后的地面运输和派送，从而在航空始发地向货主签发直达目的地的空运单；四是随着空运全球化的推进，航空公司结构发生重大变革。

为了使航空货运业务能以最快的速度和最少的投资覆盖全球，航空货运联盟的出现，使合作经营进入新阶段。这些联盟是由汉莎航、北欧航、新加坡航组成的航空货运联盟；法国航、达美航、墨西哥航、大韩航组成的天合联盟将客运扩大到货运，并从 2001 年 1 月 1 日正式启动；日本航和美国西北航各投入 10 架波音 747－400 型货机从 2000 年 9 月 1 日起开始货运联盟业务，主要业务集中在亚洲至美国航线，以后将扩大经营区域；美国西北航、荷兰皇家航等在跨大西洋航线实行货运联合经营等。

（4）电子商务的不断发展，航空货运业的基本构成已从飞机和机场转移到现代信息系统平台和传统运输手段相结合的现代物流业。随着经济全球化的推进，竞争无国界和企业相互渗透的趋势越来越明显，市场竞争已由企业竞争转变为供应链和企业联盟间的竞争。面对日趋激烈的市场竞争环境、客户需要的多样化与个性化、消费水平不断提高的市场需求，一方面，企业越来越注意利用自身的有限资源形成核心竞争力，发挥核心优势；另一方面，企业充分利用信息网络寻找互补的外部优势，与其供应及分销商、客户等构建供应链网络组织，通过供应链管理共同形成合作竞争的整体优势。

发达国家少数大型货运航空公司发挥航空运输优势，并将过去分散的仓储、陆运、海运业有机结合起来，除了储存、包装、装卸、运输等环节，还有预测、采购、订单处理、配送、物流方案设计、库存控制、维修等增值服务，为客户提供包括信息流、资金流、商流等全面的系统服务，成为现代物流业的生力军。为此，他们构建了完善的物流网络系统、信息处理及跟踪系统以及标准的服务体系，从而使航空货运业的快速性、准时性、适应性、经济性和安全性达到新的境地。

在发展现代的物流业中，美国的联邦快递、联合包裹、敦豪公司堪称航空运输业的佼佼者。如联邦快递公司，现已成为世界最大的航空货运企业，拥有 650

架飞机，还控制着美国散货卡车运输公司，总资金107亿美元，在芝加哥、法兰克福、洛杉矶、巴黎、苏比克湾等十几个大型机场设立了飞行基地和物流中心，在210个国家和地区建立了销售服务网站，对美国48个州提供货物隔天快运服务，亚洲的货物隔天（不含时差）送到北美，2～3天送抵欧洲、大洋洲、非洲地区，为货主、顾客提供采购、运营、查询、管理、维修、结算等服务。

（5）航空货运和物流业是机场搭台、政府支持、航空公司唱戏。世界重要的航空枢纽除自己大力扩建货运设施外，都支持航空公司独立或合作建立货运、物流中心。美国达美航空公司在亚特兰大、达拉斯、波特兰机场，大力投资货场及货运处理设施建设。菲律宾政府提供廉价的土地、简便的海关服务、很低的税收政策为联邦快递公司及外商在苏比克湾设立物流服务中心和自由贸易区，从而使苏比克湾机场成为联邦快递公司在亚洲的货物、包裹邮件转运中心和许多国际工商企业的工业及贸易自由区。

（四）航空货运网络——航空货运"三极"

我国航空货运在普遍发展的基础上表现出显著的集中特征，一个覆盖全国的航空货运网络尚未形成，与西欧、北美、日韩等发达国家的差距明显。从空港角度看，航空货运市场呈"三足鼎立"格局，上海、北京、广州三个机场占据航空货运市场的一半以上，其中上海、北京是我国对外航空货运联系的主要门户，66.43%的出入境航空货物需在两地中转疏散；从航线角度看，航空货物集中分布在少数枢纽空港间的航线上，货运量前5位航线的货运量43.83万吨，占总量的27.33%；前30位航线的货运量86.30万吨，占53.82%；前100位航线的货运量129.59万吨，占80.81%；从城市角度看，航空货运高度集中在人口100万以上的城市，100万以下的城市间航空货运联系微弱，所占市场份额之和不足1%；从对外联系角度看，我国对外航空货运联系主要集中在北美、日韩、西欧和港澳地区，与东欧、中东和南亚地区的航空货运联系十分微弱，更为突出的是与非洲和拉美地区目前还没有直通航班。依据我国经济发展现状和未来的发展趋势，可以预见未来较长时间内我国的航空货运仍将以集中为主。为了构建一个完善的航空货运网络，我国的航空货运网络建设有待进一步向中西部地区延伸，同时应积极加强同非洲、拉美等相对落后地区和国家的航空货运联系，为未来我国的经济发展提供支撑。①

二、航空物流——不是传统航空货运服务的简单延伸

（一）航空货运与物流业——两者不同

在国际上，物流业被认为是国民经济发展的动脉和基础产业，其发展程度是衡量一国现代化程度和综合国力的重要标志之一。物流产业具有涉及面广、内涵丰富和无法进行单一计量的特点，因此其指标内涵具有特殊性。它不同于常规统计中按国家规定的行业标准分类，而是一个统计分析指标的集合。从目前国民经济行业分类看，物流业应包括：铁路货物运输、货运站；道路货物运输；水上货物运输、货运港口；航空货物运输；管道运输业；装卸搬运和其他运输服务业；仓储业；邮政业；批发零售中包装、流通加工、配送等部分。日常统计中，物流产业统计分布在常规统计的各个产业部门，在研究物流产业时，要对现有行业统计资料进行再加工。

航空货运业与物流业关系紧密，正确认识两者之间的关系，顺应货运物流化的发展潮流，对航空货运业的发展至关重要。航空货物运输作为物流的组成部分，与物流其他各环节关系密切，是物流业的组成部分，航空货运以其安全、迅捷、准时的超高效率赢得了相当大的市场，大大缩短了交货期，对于物流供应链加快资金周转及循环具有极大的推动作用，因此航空货物运输又促进了物流业的发展。目前，我国航空货运业与物流业并存，但最终货运将融入物流服务体系中。②

（二）航空货运物流化——货物运输业融入现代物流业

当大物流成为集海、陆、空营运模式于一体的高聚合性产业时，航空运输业成为现代物流服务体系重要的组成部分，出现了航空货运物流化的趋势。

航空货运物流化是指航空货运企业借助现代通信技术、电子技术为基础的现代物流技术，实现货物运输业融入现代物流业的整合过程，即航空货物运输纳入物流服务业发展的体系中。

---

① 潘坤友，曹有挥，魏鸿雁等．我国航空货运网络结构研究［J］．经济地理，2007（7）．

② 孙荷艳．航空货运业及相关物流业浅析［J］．辽宁经济，2011（1）．

发达国家的航空货运物流化经历了联合运输、国际综合物流、全球供应链统筹三个发展阶段，它是经济全球化背景下大物流发展的过程，也是国家竞争力提高的过程，而我国以航空货运为主体的民航运输业涉足现代物流领域只有短短十几年的时间，但民航运输业正以其惊人的速度融入现代物流。

航空货运物流化是一个长期的发展过程，伴随着货主企业物流业务的逐步外包，运输产品可以满足部分货主企业单纯的运输服务需求，有其长期存在的必要性。同时，运输服务大多以统一的服务形式面对公众，可以把货主所提出的各种各样的服务需求，按照不同的基准（货物的基准、场地的基准、时间的基准等）统一化，将所有客户在特定的层次上同等对待，从而较易实现规模经济。而物流服务在针对满足特定服务对象与服务需求上，则表现出了较大的优势，运输业务的发展将为物流业务在其所擅长的领域充分发挥其优势创造良好的环境与协作条件，此时运输业务是物流服务体系的组成部分。

（三）航空物流——一体化物流解决方案

1. 航空物流

狭义的航空物流可以理解为航空货运输，它以货物的空中运输为主，只涉及货物从机场到机场（Airport to Airport）的物流服务，服务内容单一。然而，航空物流不可能只依靠空中运输，还需要全面、高效的地面运输、储存、包装、加工等物流服务的有效支持。

广义的航空物流则是依托航空的点、线集合，发挥基础设施和生产运营两个层面的网络经济特征，联结供给主体和需求主体，根据航空运输资源配置和优化条件，将运输、储存、装卸、搬运、包装、流通加工、配送、信息处理等功能有机结合，是物品从供应地向接受地实体流动的计划、实施与控制的过程。

2. 航空物流的特点

相对于狭义的航空物流，广义的航空物流不仅重视货物空中运输功能的实现，而且要求包括承运人、货代公司、机场、航空公司和收货人等所有航空物流系统主体参与到物流运作的全过程中，形成一个完整的服务供应链，实现原材料、产品、信息和资金从供给者到需求者的有效流动。与传统航空货物运输相比，航空物流不仅要完成货物的空中运输，而且要对客户的以降低成本为目标的物流运作进行总体的设计和管理。

航空物流是一种现代的综合物流服务模式，与公路、铁路等其他物流模式相比，有其独特性：

（1）航空物流运输的高速、快捷性。航空物流的主要运载工具是民用航空器（飞机）。迄今为止，飞机仍是众多货物运输工具中速度最快的一种工具。常见的喷气式飞机的经济巡航速度为每小时 850～900 千米，比汽车、火车快 5～10 倍，比轮船快 20～30 倍。运输距离越长，节约的时间越多，快速的优点也越显著。航空物流的快速性大大缩短了货物在途时间，在途时间短，使货物在途风险降低，并增强了航空客户（企业）应对市场快速变化的能力，能够迅速满足市场需求，抢占市场先机。这一特点扩大了航空物流的产品服务范围，随着产品消费市场的变化，业务领域不断增多。运输货物从传统的重量轻、体积小、附加价值高的产品，如稀有金属、有价证券、手机、电脑零配件、医疗器械等，逐渐扩展到一些易腐烂、变质的海鲜、水果等鲜活产品，时令性、季节性强的鲜花、报刊等产品以及抢险救急物品等。此外，空物流输的高速、快捷性能够使消费者享受到远距离企业提供的即时性商品，能够使众多利益主体从中受益。

（2）航空物流的安全性和高质量。与其他物流方式相比，航空物流的安全性较高。据 2009 年的航空统计数据显示，全球航空事故率为 0.71%，即每 140 万次飞行发生一起事故。此外，飞机的飞行高度一般在 10000 米以上，不受低空气流的影响，飞行平稳，很适合运输精密仪器、易碎物品等。由于飞机自身平衡性好，货物因挤压破坏的情况较少。同时，由于航空物流运输速度快，航空物流的中间周转环节少，冷链效果好，能够保证鲜活易腐产品的运输质量。中间环节少，也意味着装卸次数较少，货物的在途破损率低，货损和货差小，所以货物的运输风险小，适合于运输贵重物品。如果采用空运集装箱的方式运送货物，则更为安全。航空公司的运输管理制度也较完善、严格，对货物的装卸、搬运等环节控制较严，进一步保证了航空物流服务的安全和质量。

（3）航空物流的高效、便捷性。航空物流依托信息技术构筑的重要平台，使客户、货代公司、机场和航空公司等物流主体相互搭接，并有效融合国际物流、城际物流和同城物流等物流模式，能为客户提供"门到门"、"桌到桌"等

"一站式"服务，充分体现出航空物流的高效、便捷特点。

（4）航空物流业务的高度复杂性。航空货物往往来自于不同国家、地区，涉及客户、货运代理商、机场、航空运输公司甚至海关、检验检疫局等众多主体，需要多主体间的密切合作。同时，航空物流包括航空运输、储存、包装、加工、配送等物流业务，操作流程比较复杂。此外，空运货物对仓储的要求较高（如温度、湿度），一些贵重的货物还需要提供较周全的包装服务。空运集装箱也是特制的，与铁路、公路、海洋运输所采用的标准集装箱不能兼容。

（5）航空物流服务范围的局限性。由于航空物流载运能力低、单位运输成本高，并受机场地理位置、气候条件限制的限制，存储设施等成本偏高，不适用于运输低价值物品。同时，飞机机舱容积和载重量有限，航空物流只适合运输体积较小、重量轻的货物，运载成本和运价比其他运输方式高，不太适用于大型设备、大吨位货物的运输。

相对于狭义的航空物流，广义的航空物流不仅重视货物空中运输功能的实现，而且要求包括承运人、货代公司、机场、航空公司和收货人等所有航空物流系统主体参与到物流运作的全过程中，形成一个完整的服务供应链，实现原材料、产品、信息和资金从供给者到需求者的有效流动。航空物流不是传统航空货运服务的简单延伸，而是以信息技术为基础，以客户需求为中心，结合企业的供应链管理，配合客户设计出以"一站式"和"门到门"服务为特征的一体化物流解决方案。

三、航空物流服务供应链——从过程维看航空物流

（一）航空运输产品——按运输工具划分

运输产品是指铁路、公路、民航、水运等提供的从起始点到终点到目的地的客货空间位移服务。运输产品按照运输工具划分，可划分为铁路运输产品、公路运输产品、民航运输产品、水运运输产品。运输产品按照核心功能、基本特性和附加价值构成划分，可分为航空运输发展初级阶段核心功能——客货位移服务；航空运输发展中级阶段基本特性——安全、方便、可行、经济、快速等服务；航空运输发展高级阶段附加价值——"门到门"、包装、配送、全信息、代理制、

舒适、"一站式"服务等附加价值。

（二）航空物流产品——为客户提供的航空物流服务

航空物流产品，即根据货主对一体化、无缝隙化、全程化要求，航空物流企业为客户提供的航空物流服务。

在组织方式上，航空物流产品的实现不能简单采用不同企业分段接力形式来完成。航空物流产品客户满意的组织方式，可以归纳为以下两种：

1. 企业一体化物流服务方式

航空物流服务通过企业内部一体化方式来实现，企业通常拥有强大的物流服务网络，通过内部的战略整合，形成一体化的架构，客户在这里可以得到"一站式"的服务。这类方式的航空物流经营人多由实际承运人发展而来。成立于1973年的美国联邦快递货运公司，开辟了一体化承运人的先例，即将货物从离开托运人开始一直送达收货人手中为止，全部由一家公司办理运送。如今其已演变成为物流企业。国外的其他快递巨头（如 UPS、DHL、TNT 等），也主要以此种方式提供物流服务。

2. 功能性物流业务分包方式

物流业务的全过程按其工作性质的不同，可分为物流功能性作业过程和物流服务组织业务过程两部分。此类方式的航空物流经营人与客户订立物流总承包服务合同，自己一般不拥有物流主要的功能性服务工具，只是负责组织物流的全程业务，将物流的实际功能性业务通过与其他功能性业务企业订立分包合同分包出去。此类经营人一般由航空货运代理人、无船承运人或其他行业的企业机构发展而成。

这两种方式各有特点，可以同时存在并相互交叉，但从节约交易成本的目的看，企业一体化方式似乎更具有趋势性。跨国公司生产和经营的全球化带来一些大型物流企业经营的全球化，物流企业的规模越来越大。交易成本与内部管理成本的权衡，会因信息等技术的进步而发生变化。航空物流的高效和安全性更趋向于要求在提供航空物流服务产品的同时，尽可能地控制物流生产的全过程。

（三）物流服务供应链——从作业流程看现代物流

美国供应链管理专业协会（CSCMP）将物流服务供应链定义为由众多的包

括公有制和私有制企业共同参与的过程，其中任何一家企业都没有足够的能力对全过程进行控制，更不用说对过程中的服务提供充分的保障。

（四）航空物流服务供应链——航空物流上下游延伸

在航空物流产品理念指导下，航空物流是一种以航空运输为主体，以现代信息化为支撑的，连接供给和需求双方的，使物流对象从起点到终点有效、经济、安全流动的全过程。在这一流动过程中，它把运输、仓储、装卸、加工、整理、配送、收款、逆向物流等有机整合起来。

如果从航空物流的作业流程看，航空物流服务供应链是从货源的组织开始，依次包括集货、地面运输、安检、临时储存、包装加工、订舱配载、空中运输、卸载分拣、安检、临时储存、地面运输（配送）最终将货物送到客户手中而形成的多功能、立体化、一体化的具有高附加值特征的服务供应链。通过这条服务供应链可以实现货物的流动、货物保管责任的转移以及相互之间的信息交流。

1. 航空物流服务供应链

（1）发货人：把运输产品委托地面运输企业或地面货运代理企业。

（2）地面运输企业：承接发货人委托从事运输服务。

（3）地面货运代理企业：代理货主或其他地面运输企业，负责衔接整合各种运输方式和多种运输服务。

（4）机场货站服务企业：为发货人、地面运输企业、地面货运代理企业等提供票据、仓储、托运等多种服务。

（5）航空运输企业：航空运输企业负责把货物从 X 地运送到指定的 Y 地。

（6）收货人：在指定地点提取发货人发出的货物。

（7）收款企业：在航空物流供应链中，负责清算、收取和清偿物流费用。

在作业系统中，订舱配载、空中运输和一部分卸货分拣工作由航空运输公司实现，集货、储存、配送和包装加工等业务一般由货运代理公司完成，地面运输由货代公司或地面运输公司实现，储存、装卸分拣等服务业务主要由机场完成。这些价值生产活动或流程活动相互联系、紧密衔接，形成一个有机网络整体。每一个环节的运行质量会直接影响到其他环节的成本和效益，甚至整个航空物流系统的运行效率和效果。

2. 提高航空物流系统运作效率关键点

（1）发挥航空中间层组织的作用。即要发挥联系需方和供方的中间组织，如航空货代企业的作用，以达到降低航空物流成本，提高航空交易效率，优化航空物流资源配置的目的。

（2）发挥航空运输企业的规模经济和范围经济的作用，通过规模化和多样化生产，发挥航空网络的经济性。

（3）发挥网络化、信息化的支撑作用。通过信息流、实物流、资金流的有机结合，把物联网、互联网、信息网、云网贯通起来，用先进的信息技术、云技术为航空物流发展提供支撑。

第二节　航空物流产业

一、航空物流业——航空核心产业之一

（一）航空经济——产业集合及新经济业态

在航空经济概念的演变和提出过程中，先后经历了航空港经济、临空经济和航空经济等几个阶段。还先后出现了航天经济、临空港经济、低空经济和临空产业等相近、相似、相混的概念。这些都反映出人们对航空经济的认识是一个不断深化、不断探索的演进过程。现有的航空经济概念从来源上分为三类：一是来自政府部门，二是来自高校，三是来自企业。

2013 年 5 月，国家民航局局长在 2013 年中国民航发展论坛的主旨演讲中指出："航空经济是指依托航空运输方式而形成的新型经济形态，具有高附加价值、高技术含量和高时效性的特征。"刘雪妮和姚津津认为，航空经济的核心是民航产业链，并具有三大特征：技术密集、国际化和开放性。

夏兴华认为，"航空经济"是从产业角度对经济发展特征的把握，是以民用航空业为战略依托形成的经济发展形态。它在逻辑上并列于陆地经济和海洋经

济。在基本内容上，航空经济由以民用航空业为核心的航空活动引起的经济联系构成，包括直接或间接依赖航空运输和通用航空而进行的生产制造业和服务性产业活动，这些经济联系和产业活动形成的经济集合构成了航空经济的内容，成为国民经济的重要组成部分。在实际范围上，航空经济的核心层包括客货航空运输、通用航空、机场建设与管理、空中交通管理、飞机维修、航空油料供应、航空销售代理等，其上下游主要包括飞机和高端设备制造、新材料新技术研发和应用、航空金融租赁、空港产业园、航空物流、航空旅游等。航空经济的辐射范围，可以深入国民经济的各个领域。在航空经济的整个产业链条中，民用航空业是主导产业。

李宏斌认为，航空经济应该是民航运输业（公共航空运输企业、航空物流）、民航保障业（机场、油料等）、航空制造业、航空服务业（培训、教育、销售、维修以及航空金融等）、航空旅游业、通用航空业、航天产业等行业和产业的集合与集成后，并产生了新衍生收益效应的经济业态和状态。从经济具体形态来说，航空经济包括航空运输经济、航空工业经济、航空服务经济、航空知识经济和航空信息经济等。①

（二）航空经济产业类型——航空核心产业、航空关联产业和航空引致产业

航空产业按照对航空运输和机场资源的需求和利用程度，可以分为三类：航空核心产业、航空关联产业和航空引致产业。②

1. 航空核心产业

航空核心产业指直接利用机场提供的主要设施和服务等资源进行运输服务或飞机制造的相关产业。机场所提供的航空器飞行保障服务是其产品（服务）生产过程中重要或必需的环节之一，如航空运输业、航空物流业、快递业和航空制造业等，机场直接参与到这些产业产品生产过程中，是其产业链上的重要组成部分。例如航空物流业、机场跑道等资源是其重要服务设施，机场货栈为航空物流提供了必要的生产场所，航空运输是航空物流服务产品生产的主要过程。这些产业对机场资源和服务的依赖性极高，具有极高的临空指向性，通常

① 李宏斌．试论航空经济概念与发展［J］．北京航空航天大学学报（社会科学版），2014（2）．
② 曹允春，王铮．青岛临空经济发展模式研究［J］．改革与战略，2010（8）．

需要紧邻机场布局。

同时，航空核心产业也包括对航空运输业进行保障服务的相关产业，这类产业直接为机场内的航空制造活动和运输活动提供相关保障性服务，其目的是保证飞机制造企业、航空公司的正常运营，主要类型有航空配餐业、航空器维修业、航油航材业、航空培训业等，这些产业的发展取决于机场内运营航空公司的数量、机队规模等因素而衍生的市场需求。这些产业的发展直接依赖于航空制造和航空运输活动，没有航班飞行活动，这些产业也将失去存在的意义，因此产业临空指向性较高，通常也需要紧邻机场布局。

2. 航空关联产业

航空关联产业指对航空运输服务有较高的敏感性，利用航空货物快速安全和机场口岸功能的特殊优势，可以有效降低其客货运输的时间成本，满足产业对快速客流、物流位移的生产服务需求。可分为两类：

第一类是依赖航空运输，产品具有临空区位偏好的高时效性、高附加值，主要有高科技制造业、现代农业等。

第二类是知识、信息、技术和资金密集型的现代服务业，如人员交往频繁的总部经济、旅游业、会展业等。

3. 航空引致产业

航空引致产业指依托机场及上述两类产业引发的大量客流、货流资源，满足各类机场旅客、员工及各产业从业人员的居住、教育、消费、购物、娱乐等生活需求，以及产业发展所必需的研发、培训、金融、中介、广告等服务需求，利用机场的区位优势，通过产业链的延伸和完善，由各航空核心产业和航空关联产业引发和吸收各类辅助、配套和支持产业。这些产业大多属于现代服务业范畴，机场的吞吐量规模对这些产业的发展会产生一定影响，但更多地受其他临空产业规模和需求的影响。

（三）航空物流业——航空核心产业之一

航空物流业是国民经济中从事航空物流经济活动的社会生产部门，是从事航空物流经济活动的所有企业或单位的集合。航空物流业既是物流业的子行业，也是民用航空业的子行业。

航空物流业是信息、通信、电子、航空、制造、能源、生产、服务行业等集合的高端物流服务行业，是航空核心产业的主要内容，是临空指向性最强的航空产业之一，其发展直接关系到其他航空产业的发展，航空物流业的发展直接关系到经济的发展态势。

二、航空物流产业——从大物流系统看航空物流

（一）产业链——上下游动态关联的链式结构

产业是指国民经济体系中，为满足社会某种需求，按照社会分工原则，能够提供某些共同属性的商品或服务的企业集合。物流的本质特征是其服务性，物流产业属于国民经济的第三产业。从产业经济学的角度看，物流作为一个独立的新型产业，它包含着很多传统的产业。根据技术和工艺的相似性进行划分，物流产业既可分为运输、仓储、包装、流通加工等功能产业，又可分为航空物流、铁路物流、海洋物流、公路物流等产业。

根据不同的研究视角，目前产业链的基本内涵与定义有三种观点。

观点一：基于价值链和供应链角度的定义，从微观层面表述了产业链作为价值链、供应链、生产链的特征；

观点二：基于战略联盟角度的定义，从中观层面表述了产业链上的企业之间构建战略联盟的本质；

观点三：基于产业关联角度的定义，从宏观层面表述了产业链内不同产业之间的技术经济联系。

综合三个层次的观点可知：产业链是同一产业或不同产业的企业，依据特定的逻辑联系和时空布局所形成的上下游动态关联的链式结构。

（二）航空经济产业结构演进——从传统向高科技航空产业转变

从各国航空产业结构演进的过程来看，航空产业结构逐渐从传统的航空产业向新兴高科技航空产业转变，呈现以下几个趋势：

1. 制造经济逐步向服务经济转型，制造业优势弱化

随着经济的发展，航空经济对先进生产要素的组织能力逐步增强，原来第二产业占比较高的局面逐步改观，即表现为第二产业比重下降，第三产业的比重逐步上升。

2. 现代服务业逐步引领服务业的发展

航空运输服务主要满足旅客快捷、舒适的出行需求以及运输高附加值、体积小、重量轻的现代经济产品，但随着经济发展水平的不断提高，航空经济的优势产业应具备产品高端化、产业现代化特征，必然经历从传统到现代的产业历程。传统的餐饮、住宿、零售和运输服务将会向依托空港货运而发展的保险、租赁以及利用机场速达性的软件业、计算服务和研发等行业转变。

3. 城市的区位深刻影响航空产业结构的演进

不同机场在同一规模截面，产业结构差异较大。在城郊区发展的航空经济产业结构，初期往往具备城郊产业特征，即经济结构呈现出综合性、多样性，且第二产业相对优势较为明显，第三产业比重较低，而那些距离市中心较近的航空产业结构则表现为第三产业比重高于第二产业比重的趋势。①

4. 航空产业结构不断优化升级，专业化趋势明显

世界上一些大型的航空制造行业逐步转变为系统集成商，并且将更多的部件集成工作转包出去，原来是将一些零件类的工作转包，现在则将一些大型部件甚至是一些设计技术进行转包。这样不仅延长了产业链条，衍生出更多的航空企业，同时，降低了大部分技术、成本和进度风险，也使整个航空产业结构不断优化，带动了航空产业带的发展。

(三) 航空物流产业形成机理——社会需求、科技创新与社会调控共同作用②

任何产业都不是人们随心所欲发展起来的，而是在自然形成的、既定的、从过去继承下来的条件下发展的。产业的形成和发展是产业自身逻辑演变和社会型塑作用的辩证统一。产业自身的逻辑演变是指产业的发展始终受到自然条件、资源禀赋、科技知识的制约，必须以产业分工和既有的技术基础、产业经济基础为支撑，它是以往活动的产物。社会型塑作用是指产业在社会需要、社会评价、社会选择、文化背景、价值观念等社会各要素之间的互动中选择发展方向。航空物流产业的形成和发展也遵循着产业形成发展的共性规律，它是产业自身逻辑演变以及

① 张蕾，陈雯. 空港经济区产业结构演变特征——以长三角枢纽机场为例 [J]. 地理科学进展，2012 (12).

② 曹允春，沈丹阳. 航空物流产业形成机理 [J]. 商业研究，2010 (1).

社会型塑互动作用的结果，即以产业分工和既有产业经济基础等为前提和基础，在社会（市场）需求、科技创新与社会调控等共同作用下才能产生和发展起来。

航空物流产业作为社会新专业服务的集合，是社会生产分工发展的最新成果。在社会化分工趋势下，物流体系内部的专业化分工是航空物流产业形成、成长和扩张的重要前提。航空物流产业作为航空物流专业化分工的载体，其内部有十分显著的分工利益，能够产生专业化分工经济性，即通过专业化分工协作，物流产业内部各企业之间或企业内部各部门之间，而给产业自身带来的经济收益或好处。这种由分工协作而生成的经济效应决定了航空物流产业的整体生产效率提升速度和程度、繁衍速度和产业规模扩张的空间大小。①

既有的产业经济基础也是航空物流产业形成和发展不可缺少的基础条件。经济发展水平决定着整个社会的物资流通量，决定着社会的平均收入和消费水准，也相应地决定着对航空运输的需求能力和规模。经济水平高、发展速度快，航空货运量也必然会随之增长。

社会需求是航空物流产业形成和发展的直接拉动力、重要引擎，它推动着航空物流产业和产业结构的演变。航空物流产业作为一种新的服务供给力量，其产品适应了市场需求变动的新趋势。航空物流发展初期，主要使用客运航班飞机腹舱载货的方式进行货物运输。随着世界经济的快速发展，航空物流需求量不断增加，腹舱载货方式无法满足广大货主对航空物流的需求，许多国家的航空公司意识到了航空物流发展的"瓶颈"问题，纷纷购置专门的航空货运飞机，甚至成立专门的全货运航空公司。

社会型塑作用中的社会评价、社会选择、文化背景、价值观念等方面则通过社会对航空物流产业的调控来完成。社会调控是航空物流产业形成和发展的助推器。航空物流作为一个高投入、高风险行业，需要国家、政府的资金、政策扶持和宏观引导，尤其是在产业萌芽阶段。20 世纪 20 年代，美国建成的贯穿整个大陆的邮政航线，正是在其财政部的大力支持下才成功运行。我国各大机场、航空物流园区、航空物流中心无一不是在中央、地方政府的财政支持下建成的。2012

---

① 郭永辉. 航空物流理论与实践［M］. 北京：经济科学出版社，2014.

年，我国民航基本建设和技术改造投资为 712.2 亿元。此外，国家对航空市场的管制强度也直接决定着航空物流产业的发展速度和规模。例如，空管制度中对飞机高空飞行时保持的垂直高度规定会影响某区域的飞机飞行高度层数数量和这一高度层的飞机流量，而飞机之间相隔距离的规定会影响同一空域中的飞行数目。国家制定的航空运输政策也是航空市场政治法律环境的具体化。

航空物流产业属于知识、技术密集型产业，持续的科技创新是航空物流产业形成和发展的内在推动力。航空物流产业自身的逻辑演进与这些综合的社会因素、科技创新和社会需求的共同作用，决定了航空物流产业形成和发展的轨迹。

（四）航空物流产业发展阶段——初期、规模化发展期、专业化发展期

1. 航空物流发展初期①

20 世纪航空物流发展初期，伴随着航空邮件的递送，航空供应链业迅速产生。当时的航空邮电公司和飞机制造商不约而同地想到让飞机带着邮件、货物在北美和欧洲大陆之间架起空中运输通道。第一次世界大战以后，随着航空业的不断发展，美国铁路快件公司成立航空货运公司，把铁路运输和航空货运结合起来。

20 世纪五六十年代，全货运航空进入了萎靡的发展期。由于旧一代的全货运飞机已全部退役，新一代的客货混载型飞机已成为主流。在以凯恩斯理论为主要经济思潮的年代，关系到国家安全的航空业所受管制非常严格。在美国，每个航空公司的成立，每条航线的开拓，每条航线上承运人数量、所使用的机型、航班数甚至票价等各方面的问题都在美国民航委员会的管制之下。在客运和货运政策上，由于客运涉及生命安全，自然受到更大的关注，而货运的政策则基本从属于客运。因此，大部分航空公司将客货运合并起来运输，少部分全货运公司虽依然存在，但全货运航线的申请需要与客运航线竞争，而且往往以失败告终。

在重重管制之下，全货运航空的发展是艰难的。当年的联邦快递也只能用小型飞机进行运输，运力有限且飞行成本高。在申请航线上，联邦快递更是无法与其他客运航空公司竞争。公司前两年的运营亏损巨大，资金也一度紧张，几乎走上绝路。伴随放松管制政策的出台，美国航空业经历了翻天覆地的变化。相比而

---

① 奕笑天. 航空物流产业发展研究［J］. 铁路采购与物流，2011（7）.

言，欧洲航空业放松管制的进程虽然缓慢，但航空公司的效率显著提高，成本和价格下降明显。这个时期的联邦快递将过去载重量小的飞机换成了大型飞机，继而通过仔细的市场分析选定了更多的覆盖区域，业务增长迅速。

2. 航空物流规模化发展时期

规模化发展时期，枢纽辐射系统为国际航空货运的发展做出了最大的贡献。过去，由于航空运输处在严格的监管之中，航空公司经营的主要产品是"点对点"的航线。后来，欧美的航空货运公司开始着力建设它的枢纽辐射系统，打造航空网络作为其产品。例如，当年的联邦快递将枢纽选定在田纳西州的孟菲斯机场。这个城市处于美国的中心地区，气候良好适合飞行，而且人口稀少，航空运输的竞争不大。几年后的今天，孟菲斯机场已经成为全世界货运吞吐量第一的机场，足见枢纽辐射系统在推动航空货运市场规模化进程中的巨大作用。

同期，另一场发生在航空货运模式上的竞争也在打响。在放松管制之前，相对于航空客运而言，货运处于从属的地位，航线主要根据客流量开辟，航空公司则一般使用客货混载型飞机，大部分的空间用于载客，剩下的腹舱先满足旅客行李的要求，再有空间和可载重量才进行货物运输。在这种模式的运营下，航空货运的服务水平相当糟糕。首先，由于航线完全根据客运需求确定，有些客运需求不足但货运需求大的地方没法满足；其次，货运量太小。由于要先满足旅客和行李的要求，飞机可载货量一般只剩下 2～3 吨，货运供给量太少，价格高昂；最后，货运量无法确定，由于必须先照顾行李要求，而行李可多可少，不到登机的时候都无法确定，货运的安排很被动。由于航空货运服务水平的低下，在放松管制之后，全货运航空公司逐步崛起。全货运航空公司完全根据货运需求设计航线，所使用的飞机全部用于货运，可载货量大，并且可以提前安排，因此受到了极大的欢迎。很快，航空货运业务的竞争在新兴全货运航空公司与客货混载型航空公司之间展开。最终，全货运航空成为航空货运的主要模式。

3. 航空物流专业化发展时期

航空物流业的产生和发展存在一个悖论，它天生就应该是一个国际化的行业，但各个国家对其国际化进程的监管也是最强烈的。20 世纪 80 年代以后，美国和欧盟逐步推行的"天空开放"政策有效地推动了航空物流国际市场的发展。

同期，现代物流概念从过去的"实物配送"向"物流"转变，并为人们所接受的阶段。作为物流业其中的一个分支，航空物流业受到了很大的冲击。从航空物流向现代物流转变，与信息技术的发展和应用是分不开的。这个时期，欧美各大航空物流公司都在加快物流信息系统的建设，航空物流的服务质量已得到很大提高，也得到客户们的认同。例如，联邦快递引入 COSMOS（Customers Operations and Services Master Online System）系统，用以集中化、实时化地管理客户、包裹、车辆和天气；DADS（Digitally Assisted Dispatch System）系统，用以对上门取货业务进行更快速的安排。

（五）航空物流产业——供应链、战略联盟、产业关联视角

航空货物运输自诞生至今尚不足 100 年的历史，百年航空货运的飞速发展已让航空运输经成为交通运输业和航空运输业的重要力量，航空运输促进了世界经济、文化的交流和发展，如今已成长为一个宏大的全球经济基础性产业。

这个全球经济基础性产业根据产业链三个层次来观察分析：

基于价值链和供应链角度，可从微观层面对航空物流产业通过航空物流服务链来进行观察；

基于战略联盟角度，可从中观层面来分析航空物流产业链上的企业之间构建战略联盟、港航融合、跨界经营、衍生新业态；

基于产业关联角度，还可从宏观层面分析航空物流产业链上不同产业之间的技术经济联系。

如分析基于供应链视角的航空物流服务链，主要参与者是航空运输、货运代理、机场货站、地面运输仓储四类企业。

航空运输企业由航空货运业、航空快递业、航空邮政业构成。

（1）航空货运业。航空货运业是以飞机为主要运载工具，以货物（含行李、特种货物）为运输对象的空中运输活动行业。随着世界经济的快速发展，航空货运业既是世界经济全球化的催化剂，加快了世界经济一体化的进程，也是世界经济全球化的改造者，呈现管理自由化、市场区域化、企业跨国联盟化的趋势。

（2）航空快递业。航空快递业主要以飞机为工具，快速收寄、运输、投递单独封装的、有名址的包裹或其他不需储存的物品，按承诺时限递送到收件人或

指定地点,并获得签收的寄递服务业。

(3)航空邮政业。航空邮政业主要以飞机为工具,以收寄、运输、投递航空包裹和航空信函为主要业务。

航空货运代理业是以大规模、成批量航空货物承运代理、报关、运输为主体的行业。航空托运业是代办各种小量、零担航空运输、代办航空包装的行业。航空货代业与航空托运业本身既不掌握航空货源也不掌握航空运输工具,而是以中间人身份一面向货主揽货,一面向航空运输企业托运,以此收取手续费用和佣金。

航空公司(或称航空货运企业)位于航空物流服务链的中心环节,其余三类企业则各自分别在航空物流服务链中航空公司的两侧以对称的方式出现两次,这主要是由航空物流服务链的引致需求特点以及航空物流服务链相对于制造业产业链具有嵌入性特点所致。因此,基于产业链的视角对航空物流服务链进行界定之前,还必须厘清航空物流服务链中不同类型企业之间的上下游关系。

基于战略联盟角度,可从中观层面分析航空物流产业链上的企业之间通过横向并购合资战略联盟,与资源互补型的港航企业重组融合使原有企业变得强大。港航企业产业内融合形式包括与货主联合与运输企业仓储部门联合与机场联合;航运企业产业内融合形式包括投资空港建设、设立相关物流子公司;中间服务企业的产业内融和则是摒弃传统的代理提供单一服务的方式,以中间人的身份开展全方位的物流服务。跨产业融合主要有信息技术的融合、制造业的融合及服务业内的融合。

第三节 国际航空物流中心

一、航空物流中心——从枢纽网络看航空物流

(一)物流枢纽——区域物流网络的重要节点

1. 基本概念

枢纽的定义:事物的关键,事物相互联系的中心环节。

物流枢纽是依托综合交通运输枢纽，承担区域间主要物流中转、交换、衔接功能，所形成的相互间紧密协作、合理分工，拥有便捷运输联系的物流设施群综合体。

2. 物流枢纽的层次界定

物流枢纽是现代物流发展到集约化、规模化、网络化阶段的必然产物，既是区域物流网络的重要节点，也是物流企业组织物流服务的重要支撑，因此成为物流活动和服务功能较为集中的区域及设施。

物流枢纽经历了形态、功能、规模和空间布局等的一系列演变，其形成和演进具有内在规律性：规模经济是物流枢纽形成的基本动力，需求扩张是物流枢纽发展的核心推力，城市发展是物流枢纽形成的节点支撑，政府推动是物流枢纽发展的外在推力。①

物流枢纽的层次界定是根据物流网络节点的层次划分的，如图 1 - 2 所示。②

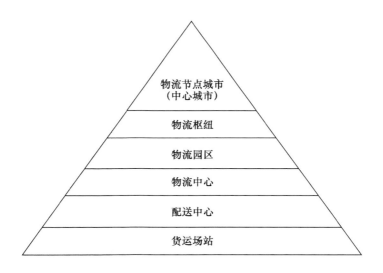

图 1 - 2　物流网络节点层次划分

---

① 陆华，刘凯. 物流枢纽形成与演进机理研究［J］. 综合运输，2013（2）.
② 董雷，刘凯. 物流枢纽的内涵与特性分析［J］. 综合运输，2008（3）.

（二）物流中心——物流活动的场所、组织与物流服务供应链管理中枢

国内对物流中心的理解可归类为两种不同的观点。

一种是把物流中心看作实体，如认为物流中心看成物流设施、批发市场、集散中心等；另一种是把物流中心看成一定的经济区域，这个区域可以是城市、城市群、省份，甚至国家和大洲。两种观点的区别是研究的角度不同，前者是微观的角度，后者是宏观的角度。后者研究的是这一经济区域的比较优势和作用，同时又不否认第一种物流中心里具体的设施、场所、机构或组织存在的必要性，并认为它们是城市进行物流活动的载体。①

从微观和宏观研究角度出发，物流中心应有狭义和广义之分。

狭义物流中心，根据国家标准《物流术语》，物流中心是从事物流活动的场所或组织，应基本符合以下要求：主要面向社会服务；物流功能健全；完善的信息网络；辐射范围大；少品种、大批量；存储吞吐能力强；物流业务统一经营管理。

广义的物流中心，根据物流枢纽的层次来界定物流网络节点，物流中心还应当包括有物流枢纽功能的地域，所以广义的物流中心应当定义为：凡是从事大规模、多功能物流活动的场所和地域（城市、城市群、省份，甚至国家和大洲）都可称为物流中心。即以交通运输网络为依托，综合利用各种运输方式，通过运输方式的有效集约来完成物流的相关活动，通过运输、装卸、存储、包装、流通加工、物流信息处理、结算等增值配套服务，依托海港或空港城市发展以海港（空港）为枢纽节点，形成多功能、高层次、强集散、广辐射的物流、商流、资金流、信息流集散中心，对区域内和区域外的商品进行集散，大规模从事物流产业，从而对区域经济有较大影响的相对集中的区域。

每个地区物流要素，诸如空港、铁路、陆路、货运中心、配送中心、商业网点、流通基础设施能否发挥作用，对现代物流中心的影响至关重要。物流中心在社会物流网络中处于主要位置的节点，物流中心更是区域经济圈的枢纽、运输网的依托和物流服务供应链管理的中枢。

---

① 第三次全国中心城市理论会秘书处．城市的体制改革与流通中心作用［M］．北京：中国展望出版社，1985.

（三）航空枢纽——全球航空运输的制高点

将枢纽的概念引入航空运输领域是在全球航空运输市场需求不断增大，某些机场吞吐量、起降架次航线数量等不断增多的背景下产生的。航空枢纽的概念最初是从机场运营规模角度进行界定的，即那些在客货吞吐量、起降架次、通航城市数量、基地航空公司数量、航线数量等方面均明显高于周边其他机场的大型机场被称为"航空枢纽"。虽然，从规模角度定义的"航空枢纽"概念现在仍然被诸多学者认可，并仍然被使用，但是，随着世界民航运输的不断发展，航空枢纽概念的内涵正逐渐演变。

这一概念内涵的演变是从20世纪70年代末期开始的。1978年美国放松航空管制政策后，一些大型航空公司为了优化航线结构，求得最佳资源配置和最佳经济效益，最大限度地控制成本和占领市场，并提高竞争力，将其航线结构——城市对向轮辐式进行优化，首创了一种新型的航线布局模式。由此可见，"航空枢纽"的内涵得到了丰富与扩展，即中转数量与中转比例成为判别航空枢纽的标准之一。

当前，上述两个角度对航空枢纽概念的界定在理论界与现实应用中呈现并存的局面。

航空枢纽是具有重要中转功能和组织功能的综合性运输交换中心，是全球主要航线网络中的重要节点和全球航空运输的制高点，具有较大业务规模和较高中转比例以及中转效率。枢纽航空系统由中枢航线结构和枢纽机场共同构成。

1. 中枢航线结构

航空网络是指在一定区域内由若干条航线按照某种方式连接组成的复杂系统，包括机场、航线和飞机等要素。中枢航线结构是20世纪70年代首先出现在美国的一种新的航线布局模式，其特点是客流量较小的城市之间不直接通航，而是都与一个枢纽机场通航。通过枢纽机场进行航班衔接、中转旅客和货物，以实现客货快速运输的目的。

2. 枢纽机场

一个或几个航空公司将其航线规划成轴心辐射型航线结构，客、货围绕一个中心运营，这个中心称为枢纽机场。

根据机场的地位和作用，我们将枢纽机场划分为三类。

（1）国际枢纽：作为民航国际航线网络中的节点，它主要完成国际航线之间的中转衔接。它分为洲际性国际航空枢纽、区域性内国际航空枢纽、地区性国际航空枢纽三种。

洲际性国际航空枢纽通过洲际国际航线的联程联运，构成超级洲际网络，成为连接 3 个以上大洲的城市的国际纽带，形成国际航空活动的聚集中心。如迪拜国际机场，是连接欧洲、亚洲和非洲的洲际地理中心，洲际联程旅行国际旅客所占比例超出了 90%。洲际航空枢纽在国际航线网络中是第一层次的枢纽，多注重洲际长航线的联网，向下还有第二层次的区域性枢纽，多注重区域航线的联网。

区域性国际航空枢纽以联程联运组织方式衔接洲内国际航线与洲际国际航线，成为连接国外城市与国内城市的纽带，形成国际国内航空活动的聚集中心。适宜连接洲内数量众多的国际"小"航点，集中提升洲际航线的航线运输量。如韩国仁川国际机场，在中国有 20 余个航点，在北美有 48 个航点，成为事实上的连接中美航运的主要通道之一。

地区性国际航空枢纽以大洲内国际航线的联程联运为关键，是连接地区性周边国家机场的纽带，适宜坐落于经济不发达国家及地区的中央地带，通过开通需求量较小的国际航点的航班，集中航线需求量，密切周边国家的航空联系。"大点"直飞的量约为 70%，而"小点"集中的量会超过 30%。如丹佛国际机场，通达北美、中美、南美地区 100 余个国际航点。

（2）国际门户枢纽：作为民航国内航线网的对外出口及外部进口，主要完成国内航线与国际航线的中转衔接。国际门户枢纽通过国际航线与国内航线的联程联运，成为连接国外城市与国内城市的纽带，形成国内外航空活动的聚集中心。国际门户枢纽适宜分布于大国的边境，并有广阔的辐射腹地，衔接内陆地区"大点"是其优势。如美国的洛杉矶国际机场及西雅图国际机场。

（3）国内航空枢纽：为国内航线网的区域性节点，主要完成国内经停航线的中转衔接。国内航空枢纽通过国内航线的联程联运，成为连接全国各地机场的纽带，形成国内航空活动的聚集中心。国内航空枢纽主要是通过长短航程搭配、干支航线搭配，将各"小点"机场，即支线机场——需求量较小的航点，与枢纽机场连接起来，形成枢纽网络，从而提升各航线航班需求量，"飞得起航班、飞得好航班"，搞活支线机场和"小"航线。从中国当前的实际看，"大点"直飞的量最少为 60%，而小点集中的量最多为 40%。如芝加哥中途机场，以飞"小点"为主连通美国 64 个机场。

3. 成为航空枢纽的条件

大型国际航空枢纽不仅要求空空联程联运，还要求空地联程联运、空铁联程联运，对枢纽设施一体化、联运服务一体化、中转服务一体化、信息服务一体化和金融结算一体化，有更广阔的联动范围、更深层次的衔接体系、更为复杂的运作方法、更高水平的技术支撑和更加强盛的国际竞争力。[①]

通常，成为航空枢纽的条件如下所述：

优良的战略位置：无论是国内枢纽、国际枢纽、综合枢纽（国内与国际合一）大都处在一个地区的中心地带，且周边有经济较为发达的二级航空市场。韩国、新加坡、阿联酋等国成功经验可知，国际航空枢纽的建设，需要与国家经济战略紧密结合。这些国家将国际航空枢纽建设和航空企业国际竞争力的提升，作为国家经济战略的重要支点予以高度重视和全力推进，也确实带来了巨大的经济利益。

宽松的管制环境：政府能通过相关的政策、法律使航空公司在航线选择、票价约束、规费缴纳等方面有大的灵活性。

先进的基础设施：多条跑道、大容量停机坪、登机门等资源，并有与中转功能相配套的智能管理、信息系统。

配套的航班服务：完善的油料、航食、维修等地面服务保障系统，优良的空管服务。

成熟的基地公司：基地公司的规划、协同、营销能力强。

全面的部门协作：机场、航空公司、海关、边检、商务、交通等部门的全方位合作。[②]

① 张宁，韩德强，陈蒂．我国发展国际航空枢纽的战略思考［J］．综合运输，2011（10）．
② 李都．国际航空枢纽与国际航空运输［J］．中国民用航空，2001（1）．

4. 国际枢纽机场的新发展

枢纽机场起源于欧美辐射型航线经营模式，它以运营高效率而获得巨大成功，并随着放松管制和"天空开放"的浪潮而席卷全球。

经过20多年的发展，枢纽机场开始面临新的环境和变革，如自由运动的兴起、低成本航空公司的发展、飞机制造技术的变革以及消费者需求的变化等，多种因素相互作用，最终驱动了国际枢纽机场的最新发展。枢纽模式仍然是当今世界发展主流，国际主要枢纽机场通过其固有的运营高效率、削峰营运、一体化运作优势，依然保持着国际航空运输市场地位。但随着枢纽机场之间、枢纽机场与非枢纽机场之间不再是简单的竞争，而是呈现出联合与合作的态势，使支线支持干线，干线支持枢纽，枢纽间相互补充的"梯次枢纽网络"模式应运而生，国际枢纽机场越来越体现其经济发动机的功能。

预计未来几十年，随着航空运载工具的技术进步，特别是近期A380投入洲际长航线的运营，全球国际机场将进一步分化。在全球超过1900多个国际机场中，将细分成400个左右的地区性国际航空枢纽、80个左右的区域性国际航空枢纽、20个左右的洲际性国际航空枢纽。谁主宰了未来的洲际性国际航空枢纽，主宰了洲际超级国际航线网络，谁就是未来国际民航运输事业的领袖。

（四）货运枢纽——运输网络的重要组成

货运枢纽称货物运输枢纽。自运输枢纽一般是指在两条或两条以上货物运输线路的交会、衔接处形成的、共同办理货运业务的场所综合体，是运输网络的重要组成部分。货运枢纽由若干货运站及连接线组成，在货运枢纽内可完成货物的发送、到达、中转换装、联运服务、运输工具的技术等内容。

货运枢纽可以按以下几类方法进行分类：

1. 按规划层次分类

（1）国家级货运枢纽：指在全国范围内根据各城市的地理位置、交通环境、人口数量、经济水平等条件，运用网络规划理论和多目标规划等方法确定的主要城市节点。

（2）地方性货运枢纽：指以地方业务为主，中转运输较少的运输枢纽。

2. 按承担的货物运输业务分类

（1）中转运输枢纽：指以中转或直通客货运输业务为主，地方运量比较小的运输枢纽。

（2）地方性运输枢纽：指以地方业务为主，中转运输较少的运输枢纽。

（3）混合枢纽：指具有大量的地方业务，同时办理相当数量的直通客货运输业务的运输枢纽。

3. 按交通方式的组合分类

（1）单式运输枢纽：指服务于同一种运输方式的运输枢纽，如公路运输枢纽、铁路运输枢纽等。

（2）复式运输枢纽：指服务于两种或两种以上运输方式，达到最大限度地提高客货运输总效率为目的的运输枢纽。其目标有两个方面：①在具体的起终点间的运输采用在服务性能上和费用上最佳的运输方式；②在中转站提供最便捷的换乘（或换装）和转运。如铁路—公路复式运输枢纽、公路—水运复式运输枢纽、水路—铁路—公路复式货运枢纽、综合运输枢纽等。

4. 按交通运输干线与场站空间分布形态分类

（1）终端式枢纽：分布于陆上干线的尽头或陆地的边缘处。

（2）伸长式枢纽：干线从两端引入呈延长式市局。

（3）辐射式枢纽：各种干线可以从各个方向引入。

（4）辐射环形枢纽：由多条放射干线和将其连接起来的环线构成。

（5）辐射半环形枢纽：大多分布于海、湖、河岸边。

（五）航空物流中心——航空物流网络节点

航空物流中心是指在国内外现代物流迅速发展、货物运输模式发生改变，航空货运运输能力不断释放的情况下，作为航空发展现代物流的重要突破口而产生的。微观视角的航空物流中心是指以机场货运站、货场、物流园等航空货运资源为基础，融入现代物流管理理念和服务理念，在枢纽机场、多种运输方式交会和集结处等建立起来的、以提供航空运输为主的现代物流服务的场所或组织。宏观视角的航空物流中心是指以枢纽机场为核心的现代区域物流体系。

2008 年 8 月，在民航总局公布的《关于加强国家公共航空运输体系建设的若干意见》中，第一次正式将郑州机场列为全国八大区域性枢纽机场之一；在 2011 年的"全国民航工作会议"上，国家民航局把郑州机场确定为"十二五"

期间全国唯一的综合交通枢纽建设试点；2012 年年底，河南省委、省政府会同国家民航局提出了建设郑州航空港经济综合实验区的战略构想。2012 年 11 月 17 日，国务院在批复《中原经济区规划》的同时，同意规划建设实验区。2013 年 3 月 7 日，国务院正式批复了全国首个航空港经济综合实验区发展规划。已通过的郑州航空港地区总体规划方案提出到 2035 年，要将新郑机场建成全国大型枢纽机场和国际货运枢纽机场。

需要指出的是，郑州航空港经济综合实验区的战略定位为国际航空物流中心，这里的国际航空物流中心不仅仅指物流场所，而是要将新郑国际机场建设成为国际货运枢纽机场，将郑州打造成为国际航空物流节点城市，充分发挥航空港实验区的优势，加快建立与国际物流网络及市区配送中心的有机衔接，基本形成以国际物流中心为核心、区域性物流中心为重点、地方性物流中心和空港物流园区为基础的中部空港综合物流体系。

二、国际物流中心——在国际物流运作系统中的作用

（一）国际物流中心产生——分工、运输进步、标准化、电子商务

近年来，国际物流的配送形态有了很大的转变，传统上，跨国企业于特定国家（地区）进行销售活动时，必须在该国（地区）设置物流中心，负责配送商品至该国（地区）的客户。现在，跨国企业则逐渐将原本分散于各国（地区）的物流中心集中于少数几个区域物流中心，统筹邻近国家（地区）之物流作业，于是逐渐衍生出国际物流中心。

企业为配合国际物流的兴盛与全球运筹管理的兴起，乃有国际物流中心的设置，以方便处理特定运销地的组装或供货。根据陈春益等学者的归纳分析，国际物流中心兴起之因主要有下列几点：

1. 国际空间分工兴起

跨国公司根据比较优势原则，采取国际空间分工生产模式，利用该国（地区）生产上的比较利益（即机会成本较低之产品），生产具有竞争性的产品或零组件。尔后，再利用统筹性的发货中心，将分布全球各地的产品或零组件集中处理，如加工组成或包装，再运销各地。而这一货物集中处理处所，即为国际物流中心。

2. 国际运输系统的进步

要达成上述分布全球各地的产品或零组件集中处理要求，需借助于国际运输系统。近年来，各国（地区）政府不断加强国际运输设施的投资，例如机场、港口设施等，以改善运输基础设施，提高国际运输效率；另外，由于运输科技进步，国际运输工具日趋大型化，如大型飞机或船舶出现，有效降低国际运输成本。由于国际运输效率提升，国际运输成本降低，使得业可以缩减传统配送网络的多个物流中心的配送方式，将区域的物流中心予以合并成一个国际性物流中心。

3. 产品标准化趋势

在过去，企业信守的营销原则是各国（地区）消费者之需求存有明显的差异，因而在推出产品时，需针对各国（地区）消费习性的不同，量身定制适合该（地区）国消费需求的产品，并拟定差异化的营销策略。但近年来，由于运输通信等的发达，消费者不论身处何国（地区），都能接收相同的产品信息，造成全球各地消费者消费习性同质化的现象，因而跨国企业乃得以标准化的产品营销全球各地。对于设置物流中心而言，过去由于跨国性企业在各国（地区）销售之产品与营销策略皆不相同，因此必须在各国（地区）分别设置物流中心以配送不同的产品。但随着产品标准化的发展趋势，跨国企业可将原本分散于各国（地区）的物流中心加以合并，通过国际性物流中心直接配送给邻近国家（地区）的顾客。

4. 电子商务之发展

国际物流因牵涉流程复杂，且分布于不同国家（地区），因此必须依赖良好的信息与通信系统彼此沟通协调。近年来，由于互联网的快速发展，使企业对企业的电子商务（B2B）兴起，企业间往往可以通过廉价而便利的网络系统，达成供应链流程高效率管理的目标，使企业间供销信息得以实时分享，如交换订单信息、分享营运信息、分享战略性信息等。总之，由于互联网在供应链管理中的应用，使企业得以将过去分属不同企业流程的订单实现流程、客户服务流程和产品研发流程统整于一地实施，有助于国际物流中心的形成。①

---

① 陈春益，钟再复，王以南. 在台湾地区设置亚太物流中心的探讨［A］. 2007 年台湾地区国际物流研讨会论文集.

（二）国际物流中心作用——国际贸易基地、物流管理信息和控制中枢

国际物流中心执行着国际货物集散地、物流信息中心和物流管理控制中枢等多重职能，从而使其在全球供应链管理、国际物流网络运作和区域经济圈形成等方面发挥十分重要的作用。具体包括：

1. 国际货物集散中心和国际贸易基地功能

国际货物集散中心是国际物流中心的核心职能。国际物流中心借助于得天独厚的地理位置和完备的基础设施，通过装卸、搬运、拆装箱、报关、报验、报检、仓储、代理等活动，实现进出口贸易、转口贸易、过境贸易、保税贸易等功能。因而，作为货物集散地的国际物流中心，自然也成了重要的国际贸易基地以及跨国公司的国际采购和分拨中心。同时，以此为基础，国际物流中心还可以实现展示、展览、展销服务、代理服务的功能。

2. 仓储、运输、配送和加工增值功能

仓储、运输、配送是国际物流中心的基本功能。国际物流中心内常设置大量的仓储网点，为国际间的物流提供仓储、运输、配送等服务。由于国际间物流形态各异，一些产品需要加工，国际物流中心可以提供简单的加工服务，实现增值过程，进而带动和辐射国内市场。

3. 国际物流信息服务功能

物流信息中心是物流系统的中枢神经，是沟通物流网络体系运行的血脉，也是进行物流过程调控的前提与基础。国际物流信息中心作为连接物流作业现场与中枢指挥功能的基地，除了一般信息作业手段外，还需进行相应的信息加工处理，国际物流中心既是信息的生成地，又是信息的反馈地，为各种物流企业，如船公司、陆路运输公司、仓储公司、贸易公司、海关、银行等提供信息服务。

4. 国际物流控制中心功能

国际物流控制中心，是使物流各项功能有效协同、顺畅运行的指挥调度和掌握全局服务项目、业务量、服务质量、货物动向、车辆状态、运营成本等的控制机构。它是位于货物集散中心、物流信息中心功能之上的最重要的决策智能结构层。物流控制中心能使整个国际物流过程衔接起来，形成动态管理的企业、区域、全国和国际物流网络体系，实现全球化的物流链管理。

国际物流中心功能的实现，将产生以下两方面的效应：

（1）聚集效应：国际物流中心作为一个国家对外贸易的窗口，它是不同国家间经济往来联系的充分展示。国际物流中心充分利用物流分拨系统提供的条件，将大量的物流汇集，并且进一步带来人流、资金流和商流的聚集。可以说，国际物流中心的城市和地区，往往也同时是国际航运中心、国际贸易中心，有时还是国际金融中心。这对于提高一个城市或者一个国家在国际中的地位和影响，有着不可低估的意义。

（2）辐射效应：国际物流中心作为物流聚集地的同时，也是物流的分拨发散地。它一方面是本地对外开放的窗口；另一方面也是其腹地产品输出的通道。物流通道的顺畅，不仅有利于本地经济的发展，而且还将惠及腹地经济。在吸引大量腹地物流汇集于此的同时，将带动腹地生产和经济的发展。①

（三）国际物流中心内涵——物流活动场所、有国际物流功能的城市系统

国内外有关国际物流中心概念差异较为明显。有从范围大小，是否有口岸功能定义国际物流中心的②，也有从贸易、金融、航运中心的集成来定义的③，还有从系统的质态结构、量态结构、空间结构、时间结构来分析物流中心系统的。④ 这些差异，一方面反映出国际物流中心的复杂性，另一方面反映出国际物流中心的动态变化性。

狭义的国际物流中心一般包括具有口岸功能的国际物流中心和不具有口岸功能的国际物流中心两类。

具有口岸功能的国际物流中心，也称口岸物流中心、保税物流中心、直通关监管点或国际物流中心，是指在口岸地或非口岸地设立的具有口岸功能的物流活动场所，是为进出口货物提供包括口岸服务在内的完整国际物流服务的一种特定物流活动空间形态。其主要的物流服务内容包括为进出口货物提供报关、报检、保税、查验等海关和检验检疫服务，以及常规的仓储、装卸搬运、运输、分装、理货、信息传递等物流服务。

① 散襄军．国际物流系统运作研究［J］．南开管理评论，2002（2）.
② 柴显龙．国际物流中心的内涵、类型和运行模式［J］．浙江经济，2005（5）.
③ 李辉民．航运中心在国际物流中的地位与作用［J］．集装箱化，2008（5）.
④ 白杨，朱金福．航空物流系统的概念模型与结构分析［J］．企业经济，2009（1）.

口岸国际物流中心包括海港口岸国际物流中心和空港口岸国际物流中心。海港口岸国际物流中心包括依托外贸港口泊位（含国际集装箱泊位）的港口国际物流中心，如国际件杂货作业区、国际散货作业区和国际集装箱作业区，以及依托区港联动的保税物流园区；空港口岸国际物流中心也包括依托空港国际货运出口监管仓库的空港国际物流中心和依托空港口岸区港联动的空港保税物流园区。

不具有口岸功能的国际物流服务中心，是指为进出口货物提供一般国际物流服务，但不进驻口岸机构的场所。

非口岸地国际物流中心包括海关直通关监管点和保税物流中心两类。直通关监管点一般设立在大型工业区、产业集区、大型专业市场或者重要交通枢纽所在地，保税物流中心设立在加工贸易特别是来料加贸易相对集聚的产业区。

广义的国际物流中心可以是一些小国家或地区，如新加坡、中国香港就具有国际物流中心的地位；也可以是一国境内某一特定区域，如自由贸易区、保税仓库、外贸仓库等；更可以是具有国际物流功能的城市系统，如表1-1所示。

表1-1　全球主要的国际物流中心汇总

洲际	城市	国际物流中心称号
欧洲	伦敦	全球港口
欧洲	巴黎	西欧航空中心
欧洲	里昂	法国物流通道
欧洲	法兰克福	欧洲心脏
欧洲	科隆	欧洲商贸中心
欧洲	汉堡	中东欧港口
欧洲	不来梅	北海门户
欧洲	阿姆斯特丹	欧洲贸易港
欧洲	杜伊斯堡	西欧物流枢纽
欧洲	纽伦堡	东西欧物流窗口
欧洲	马德里	东欧物流枢纽
北美	芝加哥	北美中转港
北美	纽约	全球贸易之都
北美	洛杉矶	亚太通道

续表

洲际	城市	国际物流中心称号
北美	孟菲斯	联邦快递心脏
北美	路易斯维	空港物流中心
北美	达拉斯	内陆港物流中心
北美	堪萨斯	内陆港物流中心
亚洲	上海	亚太航运中心
亚洲	香港	中国之窗
亚洲	新加坡	亚洲枢纽
中东	迪拜	亚欧中转港

国际物流中心是提供国际物流服务，且具有一定集散功能的物流活动的场所。国际物流中心并非单一的场所概念，它包含优越的地理位置、区域经济优势、国际运输中心功能、现代服务业支持、集疏运网络等，国际物流中心是区、港、船（飞机）、货联动的平台，也是贸易、金融、航运中心的集成体，各方面相互依存、互相配套、协同发展。从影响范围来看，国际物流中心还具有港城互动、区域协同和功能导向等特性。

随着经济一体化的不断发展，行政地域概念逐渐弱化，国际物流中心可能是经济区域的核心城市，也可能是与核心港紧密联系的海港（空港）城市群。随着现代物流链的延伸与发展，国际物流中心将进一步发生变化，它不再是离岸业务的集中地，而更多地被理解为区域的概念，随着经济全球化和市场一体化趋势，它将进一步与国际物流中心融合，最终演变成多功能、国际化、复合型的现代物流中心。

郑州航空港的建设目标——国际物流中心，也即指广义的物流中心，更是指具有国际物流功能的城市系统。

国际物流中心城市系统的服务空间、服务内容、参与主体和服务标准内容如下：

（1）服务空间：国际物流中心通常同时具有国际物流、区域分拨和本地配送三个层次的物流空间，三个层次物流系统构成既相对独立又相辅相成的复合型物流生态体系，物流生态体系通过规模化的物流网络和交通连接。

（2）服务内容：提供国际运输、国际中转、多式联运、本地配送、增值服务、商贸展示、物流交易等全方位物流服务。

（3）参与主体：由政府、物流地产开发企业、干线运输企业、区域配送企业、供应链管理服务提供商、物流后台服务企业等多种主体参与。

（4）服务标准：国际物流中心的服务区域广、服务内容和服务主体多，需要标准的操作体系和硬件设施保证服务质量与效率。

（四）国际物流中心建设框架——国家物流中心体系

在全球化纵深推进的大背景下，物流中心体系空间、信息、交通核心三要素使综合交通网络动态融合，使交通因素成为构建物流中心体系的主导因素，在综合交通网络动态发展的基础上，将国家物流中心体系按照分级分区相结合的原则分为如下物流中心体系。[①]

1. 全球性国际物流枢纽

全球性国际物流枢纽以国际货运枢纽（如国际港口、国际空港等）为依托，具备多种可以联动的运输方式（公路、铁路、航空、海运、内河航运等），拥有能够提供完整的基础及增值物流服务、先进而全面的信息技术服务以及口岸功能的物流基础设施及物流园区，完成由发货地向接收地的实体流动过程。根据实际需要，运输、储存、装卸、搬运、包装服务范围涉及全球主要经济区。典型城市枢纽包括中国香港、新加坡和法兰克福等。

2. 区域性国际物流中心城市

国家（区域性）国际物流中心拥有优良物流基础设施条件和区位优势，物流行业作为重要产业，拥有可以提供国际物流服务的国际物流园区，并且在区域范围内是主要的国际物流通道。典型城市包括休斯敦、安特卫普和大阪等。

3. 地区国际物流园

国际物流园区是能够为进口货物（如生产型企业原材料及进口待分销的产成品）及出口货物（如出口加工产品）提供常规物流服务（如运输、仓储、理货

① 赵延峰. 互联网经济时代背景下国家物流中心体系设计［J］. 综合运输, 2014（1）.

等）及口岸功能（如报关、报检、保税等）的物流园区。典型园区包括孟菲斯科技与物流园区、新加坡空港物流园区等。

国际物流中心的主要功能随着时间、需求和技术变化而不断演变，目前主要包括物流功能、口岸功能、信息技术及物流增值服务功能等方面。

三、国际航空物流中心——在大型航空枢纽完成国际物流活动

（一）形成条件——放松管制、运量需求、合理分工、网络规模化

1. 政府放宽管制促进其发展

20 世纪 70 年代以来，在世界范围内掀起了放松管制和经济自由化浪潮，以放松管制为契机，许多国家都对网络型产业如铁路、民航等部门进行了重组，力图打破由政府垄断经营的管理体制，并引入竞争，在民航业引入了私人投资，形成新的市场结构。1978 年的《航空运输放松管制法》让美国民航业降低了进入壁垒，90 年代的《协议费率法》、《机场航空改善法》和《卡车运输行业规章制度改革法案》推动了运输业更接近于自由市场体系，使更为有效的运输体系能够在物流体系中与其他活动更紧密地结合在一起，推动了物流业和国际航空物流中心的发展。

2. 航空货物运输量的增长

据国际民航组织统计，1962～1971 年国际航空货物运输货运量平均每年增长 17%，几乎每 4 年增长 1 倍。20 世纪 70 年代以来，航空运输仍然以相当快的速度发展着。据不完全统计，近 20 年来全世界航空运输的货运量以平均每年 10% 左右的速度递增，20 年来世界国际航空货运量几乎增加了 13 倍，其中高科技产品的进出口航空运输所占比重最大（因为跨国公司将其制造业在全球范围内进行分工），高科技投入的研发和主要部件（如电脑芯片）的生产集中于发达国家，而标准化了的低技术/劳动密集型产品的生产以及零部件的生产和组装，则转移或者转包到第三世界国家。特别是全球市场正渐渐从定时（Time - specific）转向实时（Real - time）时，国际航空物流中心的基础设施对未来洲际国际竞争活动有重要的意义。

3. 空运物流合理分工

航空货运企业在市场竞争中，根据自身条件进行定位，在国际航空物流中心

采取国际空间分工生产模式，有条件的企业加快向航空物流企业转化。其他企业可以发展自身在物流基础业务的专业化优势，与航空物流企业形成合作关系，构成由彼此之间有相互联系、相互作用的经济组织及其活动所构成的集合或体系。

4. 陆空相连的网络规模化

要达成上述分布全球各地的产品或零组件集中处理要求，乃需借助于基于国际物流中心的国际运输系统，机场的不断投资、大型飞机的使用、中枢辐射航线网络结构，提高国际运输效率的同时也加速了企业并购，出现了更多的综合性航空物流企业，形成了多种航空物流体系运营组织模式并存发展的状况。

（二）建设目的——满足国家需求

国际物流中心的建立必须以满足国家需求为前提，如对外贸易需求、能源需求等。如果国家对某个城市没有战略上的需求，那么在此建立国际物流中心就显得毫无意义。因此，国家需求是国际物流中心建设的先决因素。

自 20 世纪 80 年代以来，"天空开放"、"全球自由化"成为世界航空运输业的主要趋势，而我国航空运输产业的高度垄断、市场化滞后使航空运输业在国内外差距较大。中国航空运输业在管理体制和隶属关系经历了几次大的改革后，中国开始迈入航空大国的行列，但还不是航空强国，涉及航空运输业发展的一些深层次的矛盾和问题没有解决，规模小、缺乏国际竞争力、产业结构失衡、价格体系紊乱、成本过高一直困扰着航空运输业的发展。面对国内市场竞争、高铁竞争、外航进入，整个航空运输业面临严峻的挑战。2010 年，中国民用航空局提出了民航强国战略，提出以持续安全为前提，以提升发展质量为核心，以改革创新为动力，以确立民航业在国家发展中的战略地位为突破口，加快民航基础设施网络建设，进一步提升我国民航业核心竞争力。民航战略对于中国要想真正成为世界制造业中心、亚洲物流中心的战略目标的实现，具有全局性、战略性和前瞻性的意义。

民航强国战略目标：亚洲物流中心、国际航空物流中心。

国际航空物流中心是民航强国战略的重要组成部分，是实现民航强国战略的重要推动力。航空物流发展本质上反映了民航发展的整体水平和质量，反映了民航提供完整运输产品的能力，反映了航空物流链条运作效率。为了促进航空物流发展，有必要进一步优化交通行政管理体制，进一步构建综合型航空枢纽，进一步优化航空交通运输资源配置，进一步促进航空服务机制创新。①

（三）建设框架——国际物流中心、区域物流中心、物流中心与空港物流园

1. 以枢纽机场为核心的国际物流中心

枢纽机场是空陆运送的衔接点，是国际贸易商品交易空中运输的窗口，也是一国（地区）对外贸易的基础；其支持区域经济交通产业等诸项活动，并有助于国家（地区）经济发展与国民生计。在国际贸易上，由于现代国际物流服务基于跨国运输的复杂性，已经发展出多种物流运输方式相结合的综合物流方式。

按照"航空运输行动集团（ATAG）"计算：尽管全球贸易运输吨位中只有2%是通过空运完成的，但代表了制成品中的40%价值。1996年，亚太地区向美国进出口货物值的空运比例均较高，分别为51.5%和33.4%。在亚太地区，出口产品的空运比例为11%（以价值计算）；出口型工业产品占全部空运货值的35%，占特快空运的43%（Campbell H. Aviation Group Inc.，1999）。从美国的经验来判断，亚太地区未来的出口将更加依赖空运。1992年，美国81%的微电子产品、92%的飞机引擎、90%的药品、96%的照相器材、99%的钟表、71%的毛皮服装、55%的毛纺男装和52%的鞋的出口都是通过空运。以产值计算，国际货运正逐步趋向于以空运为主，特别是发展迅速的资讯科技及个人和家庭的高级消费品。

2. 以多式联运为重点的区域物流中心

在物流未成系统之前，不同运输方式之间的衔接有很大的困难。例如，飞机的快速输送线和长途汽车的慢速输送线，两者的输送形态和输送装备都不同，再加上运送时效的差异，所以两者之间往往只能在中断后再逐渐实现转换，这使两者不能贯通。而枢纽空港作为物流节点，利用各种技术的、管理的方法可以有效地起到衔接作用，将中断转化为连续和通畅。区域物流中心还是一个多元交通的结合体，它以空运为中心，接连高效率的高速公路、铁路及海上运输，也是国际贸易的服务基地和货物物流配送中心。

---

① 陈卫，匡旭娟，杨永平，李红昌. 关于民航强国战略背景下我国航空物流发展的探讨 [J]. 物流技术，2010（3）.

3. 以地方物流中心和空港物流园为基础

以国内转国内业务为主，拥有能够提供完整的基础及增值物流服务、先进而全面的信息技术服务以及口岸功能的物流基础设施及物流园区，具有衔接功能、仓储功能、贸易功能和信息功能，并实现商流、货流、信息流的统一。

国际航空物流中心的特征有机场货物吞吐量位居全球前列；机场航线能覆盖全球各地，航线频率高；通常拥有国际知名的基地航空公司。

（四）成功六要素——位置、需求、中转衔接、基地公司、地面、政府

国际航空物流中心关键成功因素主要包括六个方面：位置、需求、中转衔接、基地公司、地面、政府。

1. 地理位置

地理位置是航空枢纽、国际航空物流中心建设的天然条件，枢纽机场大都拥有优越的航空地理位置，位于本地区航线结构的中心，自然适航条件好，从而成为全球航线网络上的重要节点。枢纽机场优越的地理位置、较低的绕航系数，对货运代理商和货主来说，可以较容易地进行货物的整合，减少货物的等待处理时间；对航空公司来说，容易形成规模效应；对枢纽机场本身来说，可以给机场带来可观和稳定的收入，提高设施的使用率，增强机场发展潜力，从而提升机场的品牌和地位。

2. 较大的本地需求和中转需求

航空枢纽、国际航空物流中心建设发展的关键成功因素是航空枢纽所在地区应具有较大的空运市场需求和中转客货需求。航空枢纽所在地区往往拥有发达的本地经济，从而能创造出充沛的本地客货市场需求，且其周边有经济较为发达的二级航空市场，并有获得国际客货的渠道。本地市场需求是航空枢纽存在和发展的基石。

3. 中转衔接

可接受的 MCT（最短联程时间）是航空枢纽、国际航空物流中心竞争力的重要体现，成功的航空枢纽必须具有可接受的 MCT，这一点已被国际诸多大型航空枢纽的实际运作经验所验证。一方面，MCT 是航空枢纽运行效率的重要体现，也是中转旅客、货主最为关心的指标之一；另一方面，在可竞争的航空运输市场

中，不同航空枢纽之间 MCT 的横向比较也体现了枢纽竞争力的强弱。

决定 MCT 主要有三个因素。首先，完备的中转设施。这些设施分散在行李分拣、地面运输、值机手续、航显系统、旅客服务等各个方面。其次，满足枢纽运作的业务流程。硬件设施在技术先进性上的趋同，使航空枢纽间的竞争更多地体现在软件上。业务流程是根据机场服务的市场而设计的，目的是使机场陆侧的客货（包括中转客货）能够更高效、更安全、更方便地离开或到达。为了简化中转流程，应建立和完善中转与联程旅客、行李的无缝隙服务，在保证航班安全的前提下，加快旅客和货物的流转效率。最后，稳定、协调的部门协作关系是航空枢纽运作的必要保障。

4. 实力雄厚的基地航空公司

实力雄厚的基地航空公司是枢纽建设、国际航空物流中心的主导力量。航空枢纽是航空公司航班相互连接的地方，必须具有大量的航班运力聚集，以保证航班之间的衔接和大量旅客转港的实现。

5. 便捷的地面交通和集疏运体系

便捷的地面交通形成综合运输系统，这是航空枢纽、国际航空物流中心的重要支撑。成功的航空枢纽港还必须使繁忙的客货流能够方便、安全和快捷地进出机场。与市区及周边城市快捷、经济的地面交通是航空物流中心货邮高效集散的重要依托，也是航空枢纽建设必不可少的重要内容。

一个功能完备的地面综合交通运输系统和集疏运体系是航空枢纽的重要组成部分，直接关系到机场的营运效率和竞争能力。因此，必须从方便旅客和货运中转的角度出发，加快建设机场地区的地面综合交通系统，解决机场与城市的交通问题、货物快速集结、中转、分拨。

6. 政府支持

政府强有力的政策支持是航空枢纽、国际航空物流中心建设强有力的保障。航空枢纽建设是一项复杂的系统工程，除了要具备优越的地理位置、广阔的经济腹地和强大的航空市场等条件外，还需要国家和地方政府以及行业管理部门出台配套政策，放松相应的管制。

第二章 国际航空物流中心对标分析

——经验与启示

第一节 法兰克福——全球性国际物流枢纽

法兰克福是德国第五大城市，它是德国金融业和高科技业的象征，法兰克福地区还设有大量的邮购公司、网络商店等物流企业。

法兰克福机场在市中心西南 16 千米，法兰克福机场是欧洲效率最高、全球领先的航空货运机场，是德国最大的机场。其货物目的地遍及欧亚美非各大洲。法兰克福机场每年处理 240 万吨空运货物，是欧洲最大的航空货运机场，欧洲 67％的航空货物运输、54％的邮件流转在法兰克福机场进行。

法兰克福成为空港国际物流中心得益于密集的航空线路和航空货运公司支持。首先，以法兰克福机场为基地的汉莎航空公司覆盖全球的航线网络，促使法兰克福机场已经成为欧洲连接世界的重要交通枢纽，与法兰克福机场有业务关系的航空公司接近 150 家，航线连接 289 个国家和地区。而汉莎航空公司占到机场旅客运输量的 70％，其航线网络可达世界 327 个城市。其次，汉莎航空集团发达的地面物流系统对法兰克福机场成为欧洲及德国航空枢纽也具有至关重要的作用。汉莎航空集团提供的公路运输服务覆盖面相当广泛，其目的城市包括俄罗斯的莫斯科、土耳其的伊斯坦布尔、西班牙的瓦伦西亚以及爱尔兰的都柏林等。其庞大的公路运输网络进一步扩大了法兰克福机场的地理覆盖面，在增加其自身中转货运量的同时，也间接推动了法兰克福机场航空货运吞吐量的增长，这种空陆多式联运也提高了机场的对外吸引力，增加了机场的综合竞争力。最后，良好的战略合作伙伴关系，增强了基地公司对枢纽机场建设的关注。汉莎航空公司拥有法兰克福机场9.96%的股权，是继黑森州政府和法兰克福市政公司之外最大的股东。因此，法兰克福机场的规划建设和运营也是汉莎航空公司极其关注的问题。双方共同组建了枢纽控制中心，协调监督和指导所有航班的地面处理流程，特别关注衔接航班的准点率水平和转接效率问题。

在法兰克福机场附近100个足球场大小的一片土地上，是法兰克福货运城，总面积达149公顷，聚集了80家航空运输公司，100家运输服务公司专业从事物流服务。由北向南，至今货运已发展成为南、北两个货运城，面积各为98公顷和51公顷。估计到2015年，货运城的货物周转量将达到274.5万吨。

德国邮政国际邮件分拣中心位于机场附近，每天分拣信件500万封、邮件45000件。其操作方式是：中心人员接收国际邮政中心的航空邮件袋，按国家及航空公司对其进行分拣，再将其交付机场地勤人员。航空邮件袋通过一个带有悬挂式传送机的直通输送桥运递，该桥将航空邮件处理中心和国际邮政处理中心相互连接起来。这种邮件处理采用全新的、集中的和现代化的方式，遵循最新的安全标准。

在货运管理方面，法兰克福机场对机场内的一些货运设施的经营管理主要采取自建租赁和"兴建—运营—移交"（BOT）模式进行统一管理：自建租赁是指机场内各种货运建筑及设施如货物仓库、办公室等出租给运营商，运营商支付租金给机场。BOT模式是指承运商取得机场物流项目的建设权和一段时间的营运权，负责筹资，进行有关设施的融资、设计、兴建及启用。在规定年限内营运该项设施，并在营运权到期后，将设施无偿移交给机场管理当局。在这一模式中，机场取得营运商在营运期内支付的营运权费，以及营运权到期后的设施本身，承运商则获得通过业务运作而取得的显性利润和因资产投资而取得的税负减免等隐性利润，形成机场和承运商"双赢"的局面。

第二节　芝加哥——国际性综合物流中心

一、历史沿革

19 世纪前叶的美国工业化启蒙使东北部工业带对南部和西部地区的农副产品及矿物原材料需求日益增加，为满足这一需求，联邦政府大量投入，对内河和铁路进行全面建设和改造。美国西部大开发，伊利诺伊和密歇根运河的建设以及美国第一条横跨东西的铁路通车，使芝加哥成为交通枢纽、商贸重镇和工业基地。在这一背景下，芝加哥凭借处于多条干线铁路交会点，以及密西西比、五大湖两大水系交点的独特区位优势，发展成为美国大陆各类大宗物资区域间调拨的转运枢纽。

1955 年，芝加哥建成了世界上最大的奥海尔国际机场，成为唯一的拥有两个航空公司（联合航空公司和美国航空公司）的国际航运中心。

20 世纪后，全球工业重心从欧洲转移到美国大陆；利用这一契机，五大湖周边地区凭借其矿石和能源运输枢纽的地位大力发展钢铁和机械工业，成为重要的工业基地。周边产业环境的变化带动了本地物流业的发展，芝加哥从过去简单的区域间转运更多向服务于周边产业的本地配送功能侧重。

20 世纪 80 年代后，随着美国和芝加哥周边工业的衰退，芝加哥对未来发展进行了重新定位，提出了打造国际性综合物流中心的目标。从东亚地区通过西海岸港口转运而来的各类日用消费品和工业制成品成为其重要的货物来源，芝加哥在原有区域分拨和本地配送的基础上进一步叠加国际中转的功能，成为多个层次功能的复合型国际物流中心。

今天，芝加哥已经发展成为以芝加哥港、奥海尔机场、柏林顿北方圣太菲铁路集装箱中心站和联合太平洋铁路集装箱中心站为依托，以 139～180 物流走廊为轴心的内陆型物流中心城市。通过 139、180 等多条洲际公路干线将河港、机场和铁路集装箱中心站进行连接，并在洲际公路干线两侧布局诸多物流/产业组团。同时，每一组团由多个产业园区和1~2个物流园区构成，产业园区内具备零部件库存、成品库存等与生产高度相关的产前产后物流功能；物流园区主要具备货物集拼、货箱堆放和第三方仓储等公共物流功能。

芝加哥以组团式布局物流园区源于其自身的发展特点和历史沉淀。由于美国物流地产的开发多由普洛斯、工业产权公司等私有企业开发，企业在开发过程中依据当时的特定条件选择综合效率最高、成本最低的区域；每一个物流园都具有完善的功能，相互联系又相对独立，不具备明显的功能错位和区分。在这一背景下，逐步形成了以各园区为独立的功能组团，以交通干线为连接线的组团式布局现状。

伊利诺伊州东北规划委员会2005年9月公布了大芝加哥都市区2040区域框架规划。[①] 2040区域框架规划建立在3个基本规划要素的基础上，确定不同层次的中心，使用多种交通模式的走廊连接中心，保护重要的绿地。芝加哥通过2040区域框架规划、互动的GIS工具（"绘制城镇"）、网络、电子投票器让公众参与规划的过程，并通过参与团体达成共识，制定系列改善行动指南。

二、经验借鉴

利用独特区位，科学合理的定位。芝加哥位于北美大陆中心，与美国和加拿大重要城市距离比较均衡；同时地处美国主要地面、水运交通干道连接处，具备打造物流中心得天独厚的优势，1960~1970年，美国实施西部大开发，国家经济发展由东部工业发达地区向西部农牧资源优厚地区梯度推进，给处于中部过渡带的芝加哥带来巨大的发展机遇，但芝加哥对自身的定位仅是"第二层次的全球城市"、"美国全国的交通中心和工业中心"。郑州也有着独特的区位优势，随着"中部崛起"、中原经济区和航空港实验区上升为国家战略，郑州也面临着类似芝加哥当年所面临的历史性发展机遇，如何从自身实际出发，根据自身的资源禀赋、产业结构与城市化水平等情况，科学地将郑州定位于"国际航空物流中

---

① 黄玮. 中心·走廊·绿色空间——大芝加哥都市区2040区域框架规划 [J]. 国外城市规划，2006（4）.

心"、"全国区域交通枢纽"，找寻一条适合自身的发展道路，促成产业结构的升级与转型是当务之急。

利用中部的区位交通条件，发展物流业。芝加哥是美国几大铁路运输公司（柏林顿北方圣太菲、联合太平洋和南北铁路公司）的全国集装箱中心站之一，有最大的内陆港口、85 座码头、2 个大型机场、12 条国家公路干线、3 条洲际高速公路和 32 条铁路干线，被称为"美国的动脉"；这个内陆城市还具有国际、区域、本地 3 个层次的复合型物流功能，能够为物流企业和工商企业带来显著的协同效应，例如运力的充分利用和调配、不同物流功能间物流成本的压缩、仓库等物流设施空置率的降低等。这吸引了船运公司、航空公司、干线铁路运输企业、干线公路运输企业、本地配送企业、仓储企业、增值加工企业等各类物流企业在芝加哥的聚集，也促使工商企业将芝加哥同时作为其国际商品的进出口枢纽、全国商品的调配枢纽和五大湖周边地区的配送枢纽。郑州的综合运输体系四通八达，是贯穿全国物流大发展的重要通脉，应充分利用"居中"区位条件，加大铁路、水运、公路，尤其是航空等基础设施建设，创造交通新优势，吸引更多的航空公司、铁路及公路运输企业、本地配送企业、仓储企业等各类物流企业聚集，将中部城市的"承东启西"、"连接南北"的区位交通优势转化成经济竞争优势。

"领先一步"，善于发现并利用机遇。芝加哥是"一个为商业而建，由商业而建的城市"，芝加哥在成为美国的水运、铁路、航运交通中心以后，又在信息时代"领先一步"，成了全球最大的互联网中心、最大的光纤通信中心。目前，正在建造的"星光中心站"是下一代的电子信息交流系统，而芝加哥将成为这个系统的中心。"北美灾害破坏复原中心"① 成为存放全美政府和企业最重要文件及复制件、备用件的安全储存中心。郑州为古时商城，今天的商贸中心城，"火车拉出来"的郑州如何登上"速度号"的飞船，把握"E 贸易"的商机，需要政、产、学、研各界的智慧和劳作。

客观条件和政府决策是让机遇变优势的关键因素。芝加哥的经验证明：不能

---

① 张庭伟．当代美国规划研究与芝加哥经济转型［J］．国外城市规划，2006（4）．

把城市发展的有利条件和政府的正确决策两者分开，它们缺一不可，互相关联。有利的自然条件要靠政府的正确决策去发掘，而政策的成功得益于客观的有利条件。芝加哥在地理上处于美国大陆中心，具有成为交通中心的可能性。芝加哥在1847 年还没有铁路，经过 10 年的努力，到 1857 年芝加哥就成为美国铁路网络的中心，因为市政府成功地使它成为全美国六大铁路系统的终点站。航空港实验区上升国家战略，同样也是河南省政府的努力结果，但如何用好"先行先试"政策，形成郑州航空物流体系的竞争力，还需要政府的正确决策。

第三节 孟菲斯——国内转国际的航空物流中心[①]

一、孟菲斯国际机场

孟菲斯国际机场（Memphis International Air – port，MEM）位于美国田纳西州孟菲斯，是世界最大航空货运机场。由于地处美国国内航线网络的中心，以及著名的俄亥俄快递中枢带上，孟菲斯国际机场东西兼顾，南北适中，两小时以内的航程几乎覆盖了全美所有大中城市。与此同时，作为西北航空公司的三大枢纽之一，孟菲斯国际机场集散了美国南部以及中美、加勒比地区的航空客货，并与位于明尼阿波利斯和底特律的两个中心共同构成了西北航空公司国内枢纽网络。该网络通过与跨大西洋、跨太平洋的国际航线网络整合，实现大规模国内、国际航班客货的有效转接，进一步奠定了孟菲斯国际机场的国际航空物流货运枢纽地位。

20 世纪 90 年代，孟菲斯国际机场逐步跨入美国乃至世界大型货运枢纽机场的行列，相继超过成田、中国香港、洛杉矶等著名货运机场，成为令世人注目的最为繁忙的货运机场之一。[②] 1992～2009 年连续 17 年位居全球机场航空货运吞

① 王章留，郝爱民，杨波. 航空经济理论与实践［M］. 北京：经济科学出版社，2013.
② 谭惠卓. 世界最大的货运枢纽——孟菲斯国际机场［J］. 空运商务，2002（28）.

吐量第一。据预测,2015 年孟菲斯国际机场出港货邮量达到 340 万吨,吞吐量将高达约 680 万吨,旅客约 1600 万人次。飞机起降 106.8 万架次(其中,出港航班 53.4 架次)。①

孟菲斯国际机场始终定位于国际顶级货运枢纽。机场占地约 1500 公顷,由南北两个矩形区域构成。其北部的半壁江山全部为联邦快递公司(FedEx)的货运基地,有一条东西向的货机专用跑道,长约 3000 米。跑道北侧有 70 万平方米的货机坪和 160 多个货机位。FedEx 在此修建了占地约 30 万平方米的各类货物仓储和中转设施。场区交通由纵横交错的快速公路网构成,机场西侧建有地面交通枢纽,与通往市区的高速公路相接。布局上,机场范围内以空港货运物流业为核心,以联邦快递为重点,为航空经济发展提供源源不断的动力源泉。

二、机场周边主要产业

孟菲斯利用其机场的环球运输网络,实现同全球市场的快速接入,融入了经济全球化发展,并赢得了美国第一航空城的称号。从产业布局来看,在航空港的东面主要发展高科技产业走廊,西面主要发展信息及通信科技、生物医药科技及相关的科研教育设施。大批知名的网络零售商在机场附近建立订购营运中心,网络零售产业成功地融合了信息科技、航空港及快递业务三者所提供的服务网络。

第一,物流产业。孟菲斯机场是世界上最大的航空物流基地,集聚了如联邦快递等一批世界知名航空物流企业。20 世纪 80 年代,当现代物流业开始在美国兴起时,孟菲斯以其得天独厚的交通区位成为联邦快递公司的核心枢纽。目前,联邦快递在孟菲斯国际机场建立了 364 公顷的超级转运中心,300 多英里的传送带平均每小时处理 95000 个包裹,700 多架飞机通过这里向全球 220 个国家和地区提供服务。2008 年,联邦快递贡献了孟菲斯国际机场 95% 以上的物流量。2007 年 6 月,联邦快递又与机场续签了 30 年的租赁合同,为孟菲斯国际机场继续保持世界顶级物流转运中心地位提供了保障。

由于靠近孟菲斯可享受最晚截件时间,越来越多的第三方物流企业如 UPS、

---

① 刘明君,刘海波,高峰,刘智丽. 国际机场航空物流发展经验与启示 [J]. 北京交通大学学报(社会科学版),2009(10).

DHL 等都在孟菲斯转运中心附近建立了仓库，从而支持了孟菲斯国际机场的发展。

第二，其他产业。枢纽机场的可达性和灵活性，促使孟菲斯成为吸引众多公司总部和部门中心的一块磁石，孟菲斯汇聚了许多知名企业。

"汽车地带"（Auto Zone）是美国最大的汽车修配连锁品牌，主要经营汽车配件、维修器件等，同时也提供汽车信贷服务、销售汽车诊断和修理软件，目前在美国已经拥有了 3600 家连锁店。

国际纸业是世界上规模最大的纸产品和林产品企业，在 40 多个国家设有经营部门，业务包括纸张、包装和林产品，其产品销往 120 多个国家。

孟菲斯健康保健和医疗设备行业非常发达。这里有世界最大的角膜银行——国家眼科银行中心，美国最大的通宵麻醉药品检测站——Advanced Toxicology。孟菲斯是美国第二大整形外科设备的生产地区，拥有 Smith 和 Nephew、Medtronic 和 Wright Medical 等企业。

伟创力（Flextronics）公司在孟菲斯拥有全球最大的笔记本电脑维修点。惠普、松下、Cingular（全球第二大无线公司）、捷普集团、辉端和葛兰素的分拨中心，以及全球最大的 DVD 分拨中心——Technicolor Video，都设在孟菲斯。

近年来，电子商务盛行，大批知名的网络零售商在机场附近建立订购营运中心。全球著名的鲜花礼品承办商 1－800－Flowers 与国际物流公司 Mallory Alexander 合作，该物流公司总部设于孟菲斯，每年为 1－800－Flowers 处理超过 100000 份订单。著名的电子商务解决方案供应商——Submit Order 公司因为联邦快递的便捷服务选择了在孟菲斯落户，自从 1999 年成立以来，该公司一直协助客户建立 IGM 架构、订单管理和库存管理，并提供货物仓库设施。

由于机场周边集聚了大量的客流、物流和信息流，商贸企业、金融企业、会展业、购物中心、商务酒店、餐饮企业也纷纷在孟菲斯国际机场周边布局。

三、孟菲斯国际航空物流货运枢纽的特征与优势

（一）机场设施完备、服务周到

孟菲斯机场的货物中心附近，交通便利，货物可以方便地运出。货物中心的

建筑设施完备，能满足货物处理的所有要求，包括货物存储间、交叉性的码头设计、危险品存储间、冷藏间、木工工作间、公共休息室和接待室以及办公区域和管理室。孟菲斯机场在机场管理、航次安排、地面交通、安全检查、航务保障、后勤服务等方面为客户提供周到的服务。

（二）多种运输模式协同发展

除了拥有全球最繁忙的空运机场外，孟菲斯市拥有发达的公路、铁路和水路运输系统。东西方向横穿美国的公路将孟菲斯与美国的第 55 州相连，而第 55 州是南北方向横穿美国的公路的中心，此外有 7 条高速公路在孟菲斯相交，这使美国的 152 个大城市到达孟菲斯都只有一个晚上的行程。孟菲斯拥有 5 条 I 级铁路、6 个铁路码头，都具有联合运输的能力，平均每天有 220 班列车。孟菲斯还是美国第四繁忙的内河码头，每年大约有 63 亿吨的内河运输货物，孟菲斯码头拥有 44 个私营站，8 个政府运营站，超过 30 个国际货物运输代理公司在孟菲斯码头运营。可以说，孟菲斯具备一个集航空、水路、铁路、高速公路，多模式的综合运输系统。

（三）机场与物流企业密切合作

联邦快递成立之初拟将总部设在阿肯色州小石城，但当地政府认为航空物流业的发展前景暗淡，拒绝了联邦快递的建议。然而，孟菲斯国际机场却主动地以最优质服务、最优惠价格向联邦快递提供支持。结果，在孟菲斯国际机场的支持下，联邦快递业务迅速拓展，最终成为世界最大的快递服务商，而联邦快递庞大的快递物流业务，为孟菲斯国际机场成为国际顶尖货运中心做出了重大贡献。在联邦快递的带动下，DHL、UPS 等纷纷与孟菲斯国际机场开展合作，进一步促进了孟菲斯国际机场的发展。

（四）空港与城市密切合作

孟菲斯国际机场为孟菲斯市创造了大量的就业岗位和巨大的生产总值，而孟菲斯市的发展，也有力地支撑了孟菲斯国际机场的发展。当空港所在城市成长为区域经济中心时，必然产生大量的客货运输需求，推动空港的发展；而空港的发展，反过来又促进所在区域经济的发展。由此可见，空港与城市以互补性、依存性和共生性为基础融为一体、协同演进。

（五）制定航空城发展规划

孟菲斯机场与当地政府以及合作伙伴组织成立了相关委员会，共同设计了航空城发展规划，使航空城不仅满足了速度、灵活度和联结性的核心要求，还适应了多方的特殊要求。优秀的航空城规划使孟菲斯机场的货物能在48小时内到达世界任何一地。孟菲斯的机场规划始终贯彻了以货运为主的发展策略，具有货运枢纽的鲜明特色。孟菲斯航空城发展规划具有前瞻性，机场在20世纪80年代一直徘徊于世界顶级机场30强之外，却在1986年就规划要位列世界货运第一，甚至计划2015年货运吞吐量要达到680万吨。不仅如此，机场还在南部和东部为FedEx和UPS未来货运的发展预留了200多公顷用地空间。

第三章 河南省航空物流产业发展的基础与条件

第一节 郑州物流中心发展历程

一、火车拉来的城市——铁路枢纽的自然形成

交通方式的变化是带动区域发展的重要动力。在人类历史长河中，交通运输始终是影响区域经济社会发展的重要因素，影响着企业和企业家的区位选择、产业空间布局、区域和城市的兴衰。在运输实现低成本之前，世界上大多数商业活动都依赖水运。早期的商业贸易主要集中于港口城市，横跨大陆的货物运输通常缓慢且费用高昂。虽然客观上需要快速与有效的运输，但直到19世纪20年代，被誉为"蒸汽机车之父"的英国人斯蒂芬森将蒸汽机车用于商业运输，开创了铁路时代，运输技术革命才渐渐开始。

从小听着轰隆隆的火车声、看着火车穿越城市长大的郑州人，都有着与生俱来的铁路情结，铁路在每个人的成长记忆中都留下了不可磨灭的印记。几乎每个郑州人都知道这句话：郑州是火车拉来的城市。这既说明了郑州在全国的铁路交通枢纽地位，也从历史上把郑州与铁路的渊源清晰地展现了出来。

据史料记载，1904年春天，火车轮第一次亲吻郑县大地。一个"怪物"尖叫着，沿着铁轨奔驰而来，头顶上一溜烟雾喷向天空。不一会儿，响声震耳欲

声，大地不住地颤动，郑县站台上，留着辫子的男人和裹着小脚的女人惊愕得张大了嘴巴。以前只见过马车、牛车的郑县百姓纷纷涌出古城西门，来到古城西南郊外的火车站，"争睹蒸汽之火车，皆惊叹，谓之庞然大物也"。后来的郑州，就是当初郑县的城市雏形①，"郑州是火车拉来的城市"之说也由此而来。

京广铁路是贯通中国南北的重要铁路大通道，国家铁路南北交通大动脉，是中国线路最长、运输最为繁忙的铁路，具有极其重要的战略地位，而且将中国许多著名城市和区域经济发展中心连在一起，形成了中国最重要的经济走廊之一。这条中国最古老的铁路，今天仍然是中国贯通南北最主要的大动脉，是中国南北物流的主要承担者。京广铁路原分为北南两段。北段从北京市到湖北省汉口，称为"京汉铁路"（1949 年以前称"平汉铁路"）。1889 年 12 月，时任湖广总督的张之洞上奏清廷，请求修建从卢沟桥至汉口的铁路。获准后，卢汉铁路（即后来的京汉铁路、平汉铁路）于 1897 年 4 月动工建设。1906 年，中国国内第一条铁路——贯穿郑州的京汉铁路全线建成通车。京汉铁路是终结漕运历史的早期铁路之一。循着铁轨和汽笛声，中国加速奔向工业文明。从此，郑州作为交通枢纽，商业日渐繁荣。当时曾有评论："汴省自铁轨交达，风气大开，商务、实业进步甚速。"

1903 年，清政府开始筹备陇海铁路第一段——汴（汴梁，今开封）洛（洛阳）铁路时，汴洛铁路是依照卢汉铁路的支线修建的。汴洛铁路 1904 年 10 月开工，以郑县车站为起点，分别向东西两个方向施工。1909 年 12 月竣工，全长183 千米。陇海铁路经过 40 余年的分段建设，历经清末、民国和新中国三个时代，至 1952 年全线建成，1953 年 7 月全线通车，也见证了将近半个世纪中华民族如何一步步从屈辱中站起来的艰辛路程。当激荡的革命烟云渐渐散去之后，它才真正成为一条横跨中国东中西部的运输动脉，也是一条连接华夏千年文化积淀的有形纽带。

火车的通行，其优势很快超越了传统的交通工具。来自东南西北、四面八方的大量人流、物流在此汇聚集散。郑州凭借交通优势，在火车站附近一时商贾云

---

① 1948 年 10 月 22 日，郑县解放，设置郑州市。1954 年 10 月 30 日，河南省会由开封迁往郑州，郑州成为河南省省会。

集,甚是繁荣。在郑州的发展史上,如果说铁路枢纽地位的形成和强化是近代郑州由小县城向大城市发展的一个转折点,那么 1954 年那场省会大搬迁,则是给郑州发展史上第二次发展奠定了坚实基础,也同时标志着一座现代意义的城市开始迈出了铿锵有力的脚步。而对于为何省会从开封迁往郑州,坊间一直有这样的说法,郑州的地理优势使然——京广、陇海两大铁路交会于此,其交通枢纽地位优越性在全省各城市中脱颖而出。其实坊间的这种传说,与官方档案中的记载是一致的。所以说,郑州市是一座火车拉来的城市,也就不为过了。

京广、陇海两大铁路干线在郑州交会,郑州相应建设了一批规模庞大、设施现代的铁路运输设施,形成了以郑州北编组站、郑州东货运站、郑州客运站 3 个特等站为主的综合性铁路枢纽。郑州北站是亚洲最大的铁路编组站,郑州东站是全国最大的零担货物中转站。此外,郑州拥有一个铁路一类口岸,货物可在此联检封关。郑州还开通了直达香港的货物联运列车。由于郑州所具有的中国铁路枢纽的重要位置,这个"火车拉来的城市"拥有了"中国铁路心脏"和"中国交通十字路口"的美誉。

陇海铁路不仅是贯穿中国东、中、西部即华东、华中、西北最主要及最重要的铁路干线,也是从太平洋边的中国连云港至大西洋边的荷兰鹿特丹的新亚欧大陆桥的重要组成部分。由西汉张骞开辟的古丝绸之路,一直萦绕在亚欧人民的记忆深处。这条曾经为亚洲文明和欧洲文明甚至北非文明之间的文化交流做出巨大贡献的通道,直到公元 8 世纪中叶,还依然是连接东亚和欧洲的主要陆路贸易通道。但自 8 世纪中叶以后,它却逐渐走向衰落乃至寂寂无闻。恢复它昔日的辉煌,往往成为人们无法释怀的情结。1992 年,新亚欧大陆桥的开通,使这种情结不再无所依凭,新丝绸之路的称号亦由此产生。

郑州是新亚欧大陆桥东段,也是中国境内重要的铁路交通枢纽。新亚欧大陆桥中国段自西向东约有 8 条铁路与其相连接,在这 8 条铁路中,最重要的当数京广线。京广线与新亚欧大陆桥交会点就在郑州。此外,在与新亚欧大陆桥相连接的 8 条铁路线中,有 4 条是与陆桥十字相交的,而这相交而过的 4 条铁路其中有3 条在郑州周围。所有这些,也使郑州成为新亚欧大陆桥上特别是东段中重要的中心枢纽城市和铁路港。

二、四通八达的商贸城——全国商贸物流中心发展要求

（一）商流与物流的有机结合——现代商贸城的建设指导思想

由于郑州独特的地理位置，使它又处于中国东西南北干线公路的交会处，成为我国公路的主要枢纽之一，处于国家高速公路网规划"五纵七横"国道主干线的交会点，高速公路四通八达，与全国高速公路成网。京珠和连霍高速公路以及107线和310国道与境内18条公路干线，构成了四通八达的公路交通网络，为全国7个公路交通主枢纽城市之一。郑州还开设了公路二类口岸，从郑州联检封关可直达海港口岸，实现公海联运。

商贸流通功能是城市经济活动和运行机制中的核心功能，是城市经济发展中必不可少的组成部分。而区域商贸中心城市是以广阔腹地为依托的商品交易、物资集散中心。1985年4月，郑州第一次提出了"依靠交通、搞活流通，大力发展第三产业，把郑州建设成为立足中原、面向全国的贸易中心"。1990年11月底，时任河南省委书记在讲话中提出，把郑州建设成为"我国中部地区最大的商业贸易中心"。1992年4月，时任省长主持召开第10次省政府常务会议，专题研究如何加快郑州商贸中心的建设问题，明确提出充分利用郑州区位优势，把郑州建设成为覆盖全国的商贸中心。1996年6月，江泽民同志莅临郑州视察，并亲笔题词："把郑州建设成为社会主义现代化的商贸城市。"1997年国家体改委等5部委联合下文，批准郑州为商贸中心试点城市。1998年，郑州市制定"郑州商贸城总体建设规划"。

商贸城发展战略的实施，为郑州经济增添了新的色彩。经过"九五"期间的建设和发展，商贸城已初具规模。在着力搞好批发、零售市场建设的同时，大力推动会展业、旅游业以及房地产业的发展，从多个方面烘托出现代商贸城市的特色。进入21世纪的10年，郑州商贸城建设是高歌猛进的黄金10年。传统商贸业与现代服务业比翼齐飞，批发、零售等传统商贸服务业脱胎换骨，绽放新姿，物流、会展、金融等新兴现代服务业崭露峥嵘，势不可当。

2007年初，郑州市委、市政府提出了"建设商贸都市"的思路。"城市"与"都市"是两个不同的概念，都市化是城市化的升级版本与当代形态。法国地理

学家戈特曼在其论著《都市群：美国城市化的东北部海岸》中，首次提出了"都市群"的概念。从200年的城市化的历程看，城市化向都市化的演变，是一个飞跃和质变。此时的郑州已经是商贸城了，要迈向更高层次、更现代的商贸大都市，就是用现代化的手段装备商贸服务业，提升服务水平，就是建设更高层次的商贸城。重点包括现代物流业，金融、证券、期货业务，会展业，中介服务业，旅游业。既注重传统服务业的改造、提升，更侧重大力培育、发展现代服务业。

为进一步加快现代化商贸城建设步伐，实现"三化两型"区域性中心城市建设战略目标，2009年，郑州采用国际招标形式，聘请国际知名咨询机构，进行《郑州市现代化商贸城建设总体规划》编制，敲定未来10年郑州商贸城的建设蓝图。

随着中原经济区建设上升至国家战略，2011年，郑州市委、市政府提出建设郑州都市区，构建全国区域性物流商贸中心的发展战略。至此，郑州将发展现代化商贸城市列入城市发展的定位。郑州发展定位，不愧为一个明智选择。

建设现代商贸城市的实践过程中，郑州对于现代商贸城市的认识不断深化。在商贸城初具规模并取得一定成绩的基础上，开始思考如何进一步提高商贸城现代化水平和加快现代商贸城的建设步伐等问题，寻找提升商贸城现代化水平的新的突破口。

郑州经济要持续、稳定、快速发展，必须培育新的经济增长点，发展新型产业。1995年以后，伴随着商业连锁经营的发展，现代物流在商贸流通中的作用开始得到社会各界的认同。一些具备物流业发展客观条件的地区，纷纷制定物流发展规划。作为能够充分体现郑州特点，发挥郑州区位、交通优势的物流，自然成为郑州未来经济发展的重要支撑点，被纳入战略思考的范畴。郑州原市委书记明确指出：郑州商贸城建设的关键是要实现现代化，而物流的现代化是商贸城现代化的重要基础和组成部分。

（二）恰逢其时的物流规划——战略布局先行

在此背景下，郑州市委、市政府提出了抓紧制定现代物流发展规划，将现代物流业，作为郑州市经济发展的重要支柱产业之一的战略目标，加快商贸城现代化建设步伐，并于 2002 年初开始，陆续制定了《郑州现代物流业发展规划》和《郑州市现代物流业建设发展规划纲要》（以下简称《规划纲要》）。

《规划纲要》明确郑州现代物流业发展的指导思想是依托社会主义现代化商贸城市和国家区域性中心城市的建设，以发展为主题，以科技进步为动力，以服务于区域经济发展为中心，以郑州城市物流配送体系和国内陆路物流港体系为支撑，以信息技术为手段，以提高物流业现代化水平、降低社会物流成本为根本目的，充分发挥郑州的区位、交通、商贸优势，培育物流市场，重点建设物流园区和扶持现代物流企业，大力发展第三方物流服务。打破区域和行业界限，加快物流资源整合，创新商品流程，优化供应链管理，降低全社会物流成本。积极引进和培养物流人才，实现物流的社会化、专业化、规模化、信息化，促进产业结构调整，提高经济水平，改善投资环境，加快现代物流业的发展，逐步把郑州建设成为全国重要的物流枢纽，促进郑州市经济健康、快速发展。

战略目标是构筑物流基础设施平台、物流信息平台、物流配套设施平台和物流产业政策体系四大平台。

（1）以综合交通运输体系枢纽为基础，以社会物流需求为对象，运用供应链管理理论与方法，加强与周边城市的合作，建立以物流联盟为基础的、以郑州为中心的中原地区"城市群"，形成整体合力；加快物流需求市场的培育，发展现代化、高效的物流企业和企业物流。

（2）建设由物流基地、大型物流中心和配送中心构成的，布局合理、配置高效、功能齐全的现代物流节点网络。

（3）以区域物流为重点，以市域物流和国际物流为重要补充，提高物流信息化、网络化、标准化和专业化水平，将郑州发展成为我国物流网络中重要的物流枢纽。以过境物流为对象建立陆路物流港，以市域物流为对象建立物流中心。

（4）物流园区和运输、仓储、配送等相关领域实现电子数据交换和物流信息共享，全面实现报检、报关、报税电子化。

2005 年 10 月，河南省政府制定印发了《中国郑州现代物流中心发展规划纲要（2006～2010 年）》。郑州现代物流中心发展的总体思路是紧紧围绕全面建设小康社会、实现中原崛起的战略目标，树立和落实科学发展观，充分发挥河南省比较优势和中原城市群整体优势，以郑州现代物流枢纽建设为中心，积极引入现代物流理念，全面推进物流业的改革开放，着力构筑物流基础设施、物流信息网络、政策法规体系"三大平台"，完善优化物流网络体系，广泛应用先进技术和管理手段，大力整合物流资源，改造提升传统物流，培育大型物流企业，努力实现物流业的跨越式发展。

指导原则是坚持市场主导与政府引导相结合。强化企业的市场主体地位，发挥市场配置资源的基础性作用，加强政府统筹规划和产业政策的宏观指导，为现代物流业营造良好的发展环境；坚持发展现代物流与改造传统物流相结合。以现代物流理念和技术改造提升传统物流，大力发展现代物流，逐步实现传统物流向现代物流的转型；坚持发展综合物流与发展专业物流相结合。统筹兼顾，突出特色，综合物流和专业物流发展并重，形成相互配套、共同发展的格局。坚持整体推进和重点突破相结合。以大型物流基础设施建设和大型物流企业培育为重点，在重要领域和重点地区率先突破，推动现代物流业整体协调发展。

战略布局是构建商流、物流、信息流、资金流高效运转的郑州中心物流枢纽，增强郑州的凝聚力、带动力和辐射力；构建以郑州为中心的中原城市群现代物流核心圈，以物流一体化促进区域经济协调发展；构建覆盖全省、辐射周边的现代物流紧密圈，发挥重要区域物流枢纽的传导作用；构建承东启西、连南贯北、与国际市场对接的现代物流联系圈，充分利用国内国际两个市场、两种资源，加强区域物流合作，实现优势互补、共同发展。

加快郑州物流枢纽建设，是构建全国重要的现代物流中心，巩固、发挥和提升郑州的区位优势及其在全国现代物流格局中突出地位，增强郑州的带动力和辐射力，推动全省工业化、城市化进程和中原城市群发展的重要环节。

构建郑州中心物流枢纽，要大力调整物流布局，着重抓好中原国际物流园区及重大物流基础设施建设，整合物流资源，做大做强物流企业，率先实现物流业的信息化、规范化、集约化和社会化，形成布局合理、设施先进、功能完善、运行高效的现代物流体系。把郑州建设成为物流设施集中、物流企业集聚、物流信息汇集、物流市场活跃的全国重要现代物流中心。

（1）发挥区位交通优势，承接东部产业西进、西部资源东输，大力发展商品中转和仓储配送，巩固郑州在货物集散方面的重要地位。

（2）优化物流节点布局，加快重要物流设施建设，引导省内外大型物流企业在郑州设立总部或分支机构，提高郑州在物流设施和企业集聚方面的能力。

（3）整合物流信息资源，推进物流信息化进程，搭建物流信息平台，发挥郑州在物流信息交流方面的中枢作用。

（4）积极发展流通加工，拓展物流业增值空间，增强郑州在流通加工方面的物流服务功能。

三、通向世界的"无水港"与东方陆港——国际物流中心的战略谋划

（一）国际物流中心的萌动——发挥"中"、"通"优势

2008 年 4 月 15 日，时任省委副书记、代省长到郑州市调研时指出，在经济全球化大背景下，郑州今后的发展，要围绕全国区域性中心城市建设目标，强化"中心"意识、细化"中心"定位、增强经济"中心"功能，抓住机遇，科学发展，努力推动经济社会发展再上新台阶，充分发挥其在中原城市群建设和中原崛起中的龙头带动作用。进一步加快郑州全国区域性中心城市建设，要深入研究解决一些事关全局的重大问题：要研究进一步加快郑州全国综合交通枢纽建设，加快形成航空、铁路、公路等立体交叉的综合交通体系；要研究进一步加大改革开放力度，充分利用国际国内资源加快发展；要研究进一步强化城市产业支撑，着力培育汽车、现代物流、文化等优势产业和产业集群，创造更多的就业机会，提高城市综合实力和竞争力。

现代区域竞争本质上是区域综合实力的竞争，现代物流业发展水平已经成为衡量一个地区综合竞争力的重要标志。郑州市最大的优势在于区位和交通，由此放大的优势就是现代物流。郑州的"中"、"通"优势，集中体现在建立大交通、大物流、大产业体系。为此，郑州提出了"构建大交通、带动大物流、形成大产业、建设大都市"的发展思路。

郑州现代物流业持续快速发展，在河南省及周边地区形成一定的先发优势基础上，以连接性和物流量两大条件衡量，郑州有机会、有能力发展成为中西部地

区的国际物流中心。随着全球经济一体化加快推进，国家促进中部地区崛起战略和西部大开发战略的深入实施，我国东西部之间产业转移速度加快，周边物流中心城市竞争力逐步增强，巩固提升郑州物流中心地位已迫在眉睫。在此背景下，郑州市开始酝酿提出"国际物流中心"战略。通过建设郑州国际物流中心，增强物流配套服务能力，可以有效降低社会物流成本，聚集高端产业，提升本地区制造业层次，从而实现产业、物流和市场联动发展，全面提升区域经济运行效益和核心竞争力。

此外，全球经济一体化的发展和我国外贸量的逐年攀升使得我国的现代港口正朝着供应链环节发展。随着港口数量的增多，港口间的竞争势必愈演愈烈，如何争取到更广阔的经济腹地和货源成为港口经营者议事日程中重要的课题。国家实施的向中西部转移的经济战略，也使内陆地区经济获得了一个良好的发展机遇，当地外贸企业渴望在本地就能实现"一关三检"将货物运出去，当地政府也希望有一个这样的平台为招商引资发展经济创造条件。在这种外部环境的拉动和内部要求的驱动下，"无水港"———一种建在内陆地区但具有和沿海港口基本相似功能的现代物流中心应运而生。"无水港"项目，一方面，有利于贸易量和经济水平的提高，将"无水港"城市的区位优势延伸为具有沿海国际性港口城市的优势，实现区域优势的突破性飞跃，为开放型经济发展构筑更广阔的平台；另一方面，有利于"无水港"城市物流业及相关服务业的快速发展，为综合性物流中心的迅速崛起奠定坚实基础。

郑州在铁路和公路运输优势的基础上，通过加强与天津、青岛、连云港、上海等港口城市的"无缝衔接"，加强公铁海航联运，构建外联内通、便捷高效的综合交通体系和多式联运体系，会进一步提升郑州的物流枢纽地位，同时，郑州的物流中心建设，也被赋予了更多的国际化期待，开启了通向世界物流的新通道。

为紧紧抓住国家促进中部地区崛起和新一轮国际国内产业转移的战略机遇，提升郑州在全球物流格局中的功能和地位，促进河南在更大范围、更深程度上参与经济全球化进程，推动国际和区域经济的分工合作、互补融合，河南省委、省政府要求要高起点、高标准做好郑州国际物流中心规划工作。2008 年底，河南省和郑州市就《郑州国际物流中心战略暨规划布局》咨询项目进行了国际招标，2009 年 6 月，两家国际知名咨询公司各自独立完成了咨询成果，提交了最终报告。在此基础上，结合河南省情况，2010 年 4 月，河南省政府出台了《河南省现代物流业发展规划（2010～2015 年）》。

（二）建设国际物流中心意义重大——迫在眉睫

1. 在内陆地区建设物流中心成为趋势

欧美物流中心发展历程表明，随着经济发展，沿海港口城市最先形成物流中心，然后在内陆地区形成物流中心。美国第一代物流中心主要是纽约、洛杉矶等海港城市；随着航空技术的发展，拥有大型国际机场的孟菲斯和路易斯维尔等城市逐渐发展成为第二代空港型国际物流中心；随着港口城市面临着越来越大的货物吞吐压力，具有良好区位优势和连接性的达拉斯、堪萨斯等内陆城市发展成为承担货物集拼和分拨的第三代内陆型国际物流中心。欧洲物流中心的发展过程也是从鹿特丹、瓦伦西亚等海港，到法兰克福和巴黎等空港，再到维也纳和纽伦堡等内陆港。

2. 我国中西部地区需要建立现代物流中心

未来我国中西部地区经济增长将明显快于东部沿海地区。初步预测，到2020 年，我国中西部地区年均 GDP 增长率将达到 8%～9%，高于华东、华南和华北地区的 6%；中西部地区货运量年均增长率将达 5% 以上，高于东部地区的 3%～4%；中西部地区进出口贸易年均增长率将达 12%～13%，高于东部地区的 4%～6%。

我国的物流中心大多位于东部沿海地区，随着经济结构的优化调整和区域经济的统筹推进，我国经济重心将逐步西移，未来国际物流中心也将随着经济发展格局变化向中西部迁徙。根据物流中心的形成条件和发展趋势，郑州、武汉、重庆、西安有望成为未来我国中西部地区的国际物流中心。

3. 郑州成为中西部地区国际物流中心的可行性

郑州区位优势突出，位于全国地理中心，腹地经济基础雄厚，消费需求巨大，具有良好的工业基础，制造业、商贸业发达，铁路港、公路港、航空港、出口加工区、保税物流中心等大型物流基础设施初具规模，物流企业集聚发展，辐射带动作用明显增强，物流量增长较快，物流业发展空间巨大。郑州虽然没有水运功能，但通过公路、铁路和航空到达全国各地的平均运输成本较低，具有明显优势。通过与武汉、重庆及西安等中西部主要城市对比，郑州在发展中转型物流指标方面的优势比较明显，有机会成为中西部地区的国际物流中心。

规划也分析了郑州国际物流中心发展面临的机遇与挑战：

从近期看，郑州在国际物流、区域分拨和本地配送三个层面上均具有良好的发展机遇。郑州可与天津、青岛、连云港、上海等沿海港口加强合作，深入推进跨区域通关，可以成为中西部地区通过沿海港口开展对外贸易的"无水港"；依托新欧亚大陆桥、郑州铁路集装箱中心站和铁路一类口岸，通过大力开辟铁路国际集装箱线路，可成为中部地区和东南沿海地区向中亚、俄罗斯、欧洲进出口的"东方陆港"；依托优越的区位和完善的交通网络，郑州有可能成为钢材、汽车、纺织服装、食品、黑白家电、机械装备等产品的区域分拨中心。

从远期看，随着我国在国际产业体系中地位的逐步提升，郑州有机会成为我国中高端工业的全球供应链管理中心和进口消费品分拨中心之一。2030年，我国经济总量和制造业总产值有望成为全球第一，资源禀赋和产业转移将使中西部地区成为全球最重要的制造业中心之一，并辐射国际市场。同时，我国制造业的高端化必然导致大量低端消费品的海外生产，使郑州有机会成为服务于全国中高端工业的全球供应链管理中心之一。中西部地区经济发展和人民生活水平提高将使我国进口消费品的地域布局更均衡，郑州由于出色的地理区位和交通优势，具有发展为中西部地区进口商品分拨中心的机会。

不过，郑州位于全国地理中心，有效辐射范围内有多个国际港口，但从经济和外贸发展格局看，郑州并不是经济中心和对外贸易中心。郑州先天缺少港口条件，航空货运基础较弱，距国际航空货运枢纽还有一定差距。随着新一轮国家铁路、公路规划布局的实施，以及河南省周边中心城市交通枢纽功能的强化，郑州全国铁路枢纽、中西部地区高速公路枢纽的优势有相对减弱的可能。河南省产业结构以资源密集型、高能耗产业为主，对增值物流业务的需求偏弱。与竞争城市相比，河南省高附加值制造业特别是临空制造业的基础薄弱，近期为航空货运发展提供充足的本地货源难度较大。郑州缺乏具有全国辐射能力的龙头企业，制约河南省商贸流通业走向全国；物流企业数量较多，但局限于传统服务，辐射范围不广，现代化水平较低。与竞争城市相比，郑州缺少领先的专业物流地产商参与物流园区的投资建设和运营管理。郑州虽长期以来在中西部扮演重要交通中心的角色，却对自身物流发展缺乏统一而明确的定位，整合内部物流资源、实现资源优化配置和差异化布局还有很多工作要做。

但是，郑州国际物流中心建设具有紧迫性。因为国际物流中心一旦形成，将产生巨大的直接、间接经济和综合社会效益，对区域经济及社会发展有很大的推动作用。国际物流中心发展规律显示，物流中心的先发效应非常明显。鹿特丹和达拉斯成为国际物流中心后，周边城市基本失去了成为同类型物流中心的机会。中西部主要物流中心城市加快实施物流发展规划，积极发展保税物流，培育本土物流企业，打造区域物流中心，物流业发展速度明显加快，对郑州国际物流中心建设形成巨大的压力和挑战。随着产业向中西部的加速转移和物流业发展的集中化趋势加快，中部地区将出现新兴的国际性物流中心。郑州作为全国重要的综合交通枢纽，在中西部城市中具有很强的竞争力，但必须在今后5年左右的时间内形成赶超发展态势，占据中西部地区物流发展高地，才能有效防止被边缘化的危险。

（三）郑州国际物流中心的发展逻辑——起飞、提升、成型

1. 发展思路

充分发挥比较优势，按照明确定位、优化布局、提升业态、扩大开放、营造环境的总体要求，加快推进重点工程建设，着力推动产业优化升级；加强企业间、城市间战略合作，强化公、铁、海、航等多种运输方式的有效衔接，积极发展国际多式联运、区域分拨和本地物流配送；构建与国际接轨的现代物流服务体系，着力推动郑州现代物流业实现跨越式发展，逐步提升郑州在全球物流格局中的枢纽功能和地位。

（1）明确战略定位。以郑州国际物流中心建设统揽郑州现代物流业发展全局，积极选择发展高端产业，培育先进业态，确保以国际化视野、前瞻性布局，强力推动郑州现代物流业跨越发展。

（2）优化物流布局。科学统筹规划，以郑州国际物流区、航空港物流区为

重点，加快基础设施建设，完善物流通道网络，合理布局城市配送功能区，推动郑州物流业集聚发展。

（3）发展多式联运。按照"无缝衔接"理念，强化公、铁、海、航等多种运输方式的高效衔接，构建外联内通、便捷高效的多式联运体系，逐步提高区域内物流效率，以多式联运强化物流业整体竞争优势。

（4）提升物流业态。高起点切入，选择重点突破，加快做大做强食品冷链、医药、钢铁、汽车、家电、纺织服装、邮政、粮食、花卉、建材等重点行业，积极培育先进业态，尽快取得现代物流业发展领先优势。

（5）扩大对外开放。抓住国际、国内物流巨头加速在内地布局的机遇，引进一批具有国际竞争力的物流企业集团，加强省内外城市和企业间战略合作，不断扩大物流货源辐射地域，逐步构建与国际接轨的现代物流服务体系，扎实打造郑州国际物流中心建设基础。

（6）营造良好环境。制定实施推动物流业发展的优惠政策。以支持现代物流业跨越式发展为目标，按照人无我有、人有我优的原则，在土地、税收、价格、财政扶持等方面制定实施优惠政策，助推郑州现代物流业加速发展。

2. 发展目标

郑州国际物流中心建设分三个阶段实施。

（1）起飞阶段（2010～2015年）。初步建成覆盖中西部的内陆"无水港"、辐射中亚欧洲的"东方陆港"，国际航空货运中心和辐射中西部地区的区域分拨中心、辐射中原城市群的本地配送中心地位初步确立。

（2）提升阶段（2016～2020年）。把郑州建成中西部领先的综合型内陆港和国内重要的航空货运基地，辐射全国的区域分拨中心，辐射河南省及周边部分地区的配送中心。

（3）成型阶段（2021～2030年）。把郑州建成我国中高端工业品的全球分拨中心、进口产品分拨中心和全球航空货运网络的关键枢纽。

为全面落实《河南省现代物流业发展规划（2010～2015年）》和《郑州国际物流中心战略规划（2010～2030年）》，加快推进郑州国际物流中心建设，构建与国际接轨的现代物流服务体系，逐步提升郑州在全国物流格局中的枢纽功能和地位，郑州市人民政府提出了《关于郑州市加快推进国际物流中心建设的意见》。要求以建设国际物流中心为目标，有序发展国际物流区、航空港物流区、西部物流区、北部物流功能区、南部物流功能区五大功能园区，着力打造郑州国际物流区和航空港物流区两个核心区，提升国际物流、区域分拨、本地配送三大功能，完善物流设施和网络体系建设，壮大物流市场主体，建立政策扶持体系。把郑州建设成为连接世界、辐射中西部地区的综合型国际物流中心。

（四）建设中原经济区——提升郑州国际物流中心战略地位

2010 年 11 月，河南省委八届十一次会议审议并原则通过《中原经济区建设纲要（试行）》。2011 年 1 月，中原经济区被正式纳入国务院颁布印发的《全国主体功能区规划》。2011 年 3 月，"中原经济区"写入国家"十二五"规划纲要草案。2011 年 9 月，《国务院关于支持河南省加快建设中原经济区的指导意见》出台。2012 年 11 月 17 日，国务院正式批复《中原经济区规划（2012 ~ 2020年)》，标志着中原经济区建设进入了整体推进、全面实施的阶段。规划指出：要加快现代物流业发展，提升郑州全国现代物流中心地位，加快建设郑州国际物流园区、空港物流园区，大力发展航空物流、保税物流和多式联运，建设郑州内陆"无水港"，建成覆盖中西部、辐射全国、连通世界的现代物流中心。

四、飞机飞出的未来航空大都市——国际航空物流中心的宏伟蓝图

（一）从陆地到长空——融入全球产业链

为实现中原崛起的目标，河南一直在追求、探索和奋斗中丰富河南的发展实践。在实践中，始终坚持一点，即交通区位优势不能削弱，只能增强。

河南一直在思考这样几个问题：在经济全球化条件下，河南怎样参与国际产业分工体系？在发展方式转变的情况下，河南怎样构建开放、创新高地？在"三化"协调发展的进程中，河南怎样发挥比较优势？在新技术革命的条件下，河南怎样塑造现代产业体系？在激烈竞争的区域环境中，河南怎样构建综合交通枢纽？

最后的答案是：河南没有海港，必须建立强大的航空港，才能连接世界航空网络，河南才能在世界经济格局中拥有自己的位置。几万千米的铁路和公路连接

的是大陆，而几千米的跑道可以连接世界。航空港的繁荣与否，在很大程度上影响中原经济区建设的整个进程。但是，与号称全国铁路心脏、公路枢纽的陆路交通相比，航空运输成为河南省综合交通运输体系中最大的"短板"。

中国电子信息产业从东南沿海向西部转移的过程中，河南抓住了一个重大机遇，成功地将富士康项目引入郑州航空港区。2010 年 7 月，富士康项目签约入驻郑州。2010 年 9 月 16 日，富士康郑州科技园奠基开工。2012 年，富士康郑州科技园布局手机生产线 95 条，生产手机 6846 万部，完成产值 1210 亿元，工业增加值 163.9 亿元，实现外贸进出口总额 284.97 亿美元，成为河南省首个单厂产值超千亿元企业。富士康投资郑州一下子将郑州带入全球产业链中。郑州生产的"苹果"让世界瞩目。更有意义的是，附加值高、体积小、对时效要求强的电子信息产业，正是典型的航空偏好型产业。与北京、天津不同，郑州没有航空运输和航空制造等产业支撑，却另辟蹊径，借力富士康项目发展航空物流业，使郑州机场 2011 年和 2012 年的航空货运量增长率连续位居全国第一，让全国看到了郑州临空经济的潜力。

我国民航业战略布局调整为河南航空经济发展带来新机遇。北京、上海、广州机场承担着门户机场和中转机场的所有功能。它们承担着全国 80% 的货运量，大量的人口在这里集聚中转。随着产业转移而来的航空客货运输量的增长，特别是受空运资源稀缺的限制，民航局计划对空运布局进行调整。保留北京、上海、广州三大机场国际枢纽的功能，把它们中转的和货运的部分功能拨出去。郑州机场的优势就凸显出来：地处内陆腹地，空域条件好，便于接入航线航路，适宜衔接东西南北的航线，开展联程联运，有发展航空运输的独特优势：绕航率低，经停、中转率高。

2011 年 11 月，河南在中国民航局的支持下提出了发展航空经济的初步构想。即通过发挥交通区位和人力资源优势，把承接产业转移与城市发展、综合交通体系建设结合起来，在全国率先建设"航空经济区"。2012 年 2 月，与国家民航局签订协议。2012 年 2 月，河南省政府常务会讨论航空经济实验区问题。2012 年 4 月，河南省委常委会讨论航空经济综合实验区，进一步提升了认识，决定向国务院申请设立。2012 年 7 月 8 日，国务院出台《关于促进民航业发展的若干意见》，提出发展航空经济、建设若干示范区，为河南省的申报工作提供了强劲的动力。2012 年 7 月，河南省联合国家民航局向国务院正式上报《关于建立郑州航空经济综合实验区的请示》。2012 年 9 月，国家发展改革委向国务院上报同意建设实验区的请示。2012 年 10 月，国务院批复同意规划建设实验区，要求国家发展改革委牵头编制规划。

为突出实验区对中原经济区建设的战略突破口作用，《中原经济区规划》专门安排一节对航空港区经济集聚区进行描述，指出建设郑州航空港经济综合实验区，以郑州航空港为主体，以综合保税区和关联产业园区为载体，以综合交通枢纽为依托，以发展航空货运为突破口，加强政策支持，深化改革创新，积极承接国内外产业转移，大力发展航空物流、航空偏好型高端制造业和现代服务业，推进跨境贸易电子商务服务试点，建设全球网购商品集散分拨中心，不断拓展产业链，带动产业结构升级和发展方式转变，力争到 2020 年基本建成全国重要的航空港经济集聚区，成为生态、智慧、和谐宜居的现代航空都市和中西部地区对外开放的新高地、中原经济区的核心增长区域。

（二）航空港实验区规划——描绘崭新物流蓝图

2013 年 3 月，国务院正式批复《郑州航空港经济综合实验区发展规划（2013～2025 年）》。郑州航空港经济综合实验区获批，郑州再一次抓住了临空经济的发展机遇。郑州——这个火车拉来的城市，也就由此迈向了建设飞机飞来的航空大都市和国际航空物流中心的道路。

（三）陆港、空港相融——构筑物流"大枢纽"

在陆地，作为郑州航空港的联动工程，郑州国际陆港建设已经启动，郑欧班列、E 贸易、综保区是郑州国际陆港建设的三个要素。2013 年 7 月 18 日上午，郑州至欧洲国际铁路货运首列班列开通，标志着郑州—新疆—欧洲国际铁路物流大通道由此打通，实现历时 16～18 天货运线路超万千米的无缝对接，使河南成为我国中部、西北、华北、东北地区货物的主要集散地和转运节点。郑欧国际铁路货运班列作为郑州航空港经济综合实验区的重要配套项目，将搭建一个重要的对外开放平台，成为连接郑州到欧洲、沟通世界的国际铁路物流大通道。

郑欧班列打通了国际铁路大通道，郑州航空港经济综合实验区将强化郑州作为国际航空货运枢纽的地位，E 贸易带来大批跨境网购物品分拨业务，国家铁路一类口岸和铁路集装箱中心站奠定大通关基础。这些条件将打造出郑州陆空高效衔接的多式联运新优势。未来，郑州国际陆港作为与郑州航空港一体联动、相互补充的陆上交通枢纽，将为郑州提供内陆地区对外开放的重要平台，为郑州乃至河南融入丝绸之路经济带战略提供坚实基础。

丝绸之路经济带为郑州航空港经济综合实验区功能定位的实现提供了新的战略保障。在郑州航空港经济综合实验区五大战略功能定位中，内陆地区对外开放门户是支撑其他战略定位实现的基础，也是中原经济区成为内陆开放国家战略枢纽的核心依托。丝绸之路经济带作为国家重大的开放战略，有利于郑州航空港着力发展航空物流、高端制造、现代服务三大主导产业，推动电子商务、物流快递、国际航空网络和金融结算"四位一体"的跨越式发展，这为航空港构建覆盖全球的货运网络体系、打造丝绸之路——陆桥经济带供应链的东方中心和价值链的高端基地提供了可能。

"米"字形快速铁路网建设，国家铁路一类口岸和郑州国际陆港建设，再加上郑州航空港，创造了郑州构建陆空高效衔接的多式联运新优势，正在推动郑州全国"大枢纽"地位的形成，并将进一步支撑起郑州"国际商都"的快速发展。

第二节　航空港实验区航空物流产业竞争环境分析

产业环境是企业赖以生存发展的空间。一个企业的竞争战略目标在于使公司在产业内部处于最佳定位，保卫自己，抗击 5 种竞争作用力，或者根据自己的意愿影响这 5 种竞争作用力，包括潜在新进入者的威胁、替代品的威胁、供应商讨价还价的能力、买方讨价还价的能力以及行业内现有企业的竞争（见图 3-1）——这就是五力模型。这五种竞争力量的状况和综合程度，决定了行业竞争的激烈程度和行业最终获利能力。

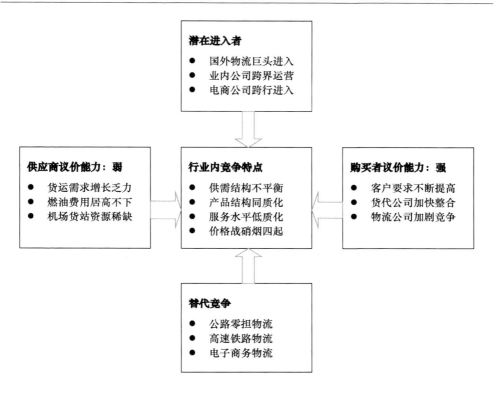

图 3 - 1 我国航空物流行业竞争结构

一、行业内竞争激烈——航空货运业遭遇持续多年的低迷

（一）市场供需结构不均衡——快递已成为航空货运的高端业务

国际航空货运受世界经济放缓、贸易摩擦加大等不利因素的影响，短期可能增幅趋缓，但从远期总量上来看中国航空货运将继续保持较快增长。据中国民航局统计，2008~2012年国内机场货邮吞吐量为863万吨、946万吨、1129万吨、1158万吨、1190万吨，年均增长率7.9%，在经过2010年的激增后，增长放缓，2012年比2011年增长3.6%。

快递业高速增长。2012年快递业务量完成56.9亿件，增长54.8%，网购代理件数达到36亿件；2012年快递业务收入完成1055.3亿元，超过全年邮政行业业务总量的半数，增长39.2%。

运能增长不均衡。2012 年度两大飞机制造商共交付飞机 1049 架，同比增长 3.8%，其中包含货机 53 架。国内拥有货机的航空公司 12 家共拥有货机 100 架左右，仅为美国联邦快递公司货机总量的 20%，货运飞机数量少，运力有限。

货源结构的根本性变化和运能增长的不均衡，使得传统货运企业运价长期偏低，基本微利。快递业务已成为航空货运中的高端业务，国内航空货运 51% 的运力被快递所利用，单价比传统普货 2~3 元钱的价格高出四五倍，不仅能带来较高的利润，且每年还保持均衡稳定的增长，日渐成为支撑航空公司货运业务的主要利润来源。

（二）同质化竞争——由产品同质到商业模式趋同、战略趋同

行业目前处于同质化、非良性竞争的内战状态。航空资源分散，形不成拳头。三大航总体规模偏小，不足以与世界超级承运人相抗衡。产品相对单一，依然以普货运输为主，高附加值产品占比不高，业务形态简单，主要业务依然是机场到机场的承运人角色，长期靠价格战的无序竞争，国内货运航空公司还存在同质化竞争严重、商业模式单一的问题。低价格、低成本、低服务已经形成了恶性循环，消费者投诉居高不下，致使航空物流行业进入微利时代，有的企业甚至倒闭。航空货运市场已经连续疲软多年，运力闲置情况严重，舱装不满，全货机被迫停飞。航空货运公司几乎无一盈利。一些航空货运公司尽管能够在产品创新上做出某些成绩，但是这种创新所带来的先发优势的持续时间已经越来越短，各大货运航空公司基本上采取了大致相同的商业模式。在这种模式的驱使下，加之产品的趋同，各家航空货运公司只能通过价格战确立自己的市场地位。国内航空货运企业之间已经从产品同质过渡到了商业模式趋同、战略趋同的阶段。国内航空货运企业采用点对点网络的运输结构，而非多层级枢纽转运网络的物流结构，阻碍了航空货运企业创新物流运作模式。航空货运企业按物流运作规律选择商业模式，势在必行。

二、潜在进入者——航空货运业酝酿结构性变革

（一）国外物流巨头进入——外企控制了中国的国际货运市场

鉴于国内航空货运企业在货源、机队规模、运力结构、航线网络、产品设

计、营销能力、品牌、公司管理、人才队伍等方面的全面落后，中国市场逐步向外开放，中国货运市场尤其是国际货运市场逐步被外国公司侵蚀。随着航权的逐步开放，外国航空公司开始纷纷进入中国航空货运市场，美国联邦快递、大韩航空、法航、意航、日航、新加坡航空等都开通了到中国的全货运航班，法航、汉莎等大型航空公司纷纷开通欧洲飞往广州的直达航班；汉莎还与中国国际货运航空公司开展代码共享，开通了广州到欧洲的直达货运航班；大韩航空公司在我国的大连、沈阳等城市完成了其战略布局。2009 年，外航在我国国际航空货运市场中承运的份额比重达 71.11%；近期，中国的制造业中间正向西部转移，外航开始竞逐中西部货运市场，外航在我国市场的货运运力投放规模以年均 10% 左右的速度增长。

国际市场上，我国航空物流主要竞争对手是 DHL、FedEx、UPS，它们占据了我国国际快递业务份额的 63%。三巨头实际上并不是一个单纯的航空货运公司，而是一个综合的物流服务提供商，几乎能够提供、完成供应管理的全部功能。而在目前，他们不但能够提供"门到门"的服务，而且其已将服务延伸到了制造企业的生产线，并且能够提供其所服务企业的客户所需要的服务。国际快递巨头在国际货运运输中占据着主导地位，同时由于获得国内快递经营牌照，大举进军中国是必然趋势。外航一方面采取与中国企业合资的形式，快速提高其在中国国内航线的覆盖面；另一方面加紧在中国建设航空物流中心，如 UPS 在上海建设国际转运中心、联邦快递在广州建立其亚太转运中心。

（二）跨界经营——航空货运业呈现结构性变革

目前国内的航空货运运力 51% 已经被快递所利用，航空货运公司亏损的部分主要是普货业务，恰恰是快递业务在支撑着航空公司的货运业务的利润（航空货运快递仅占 10% 的市场份额，却是快递业务中的高端业务，收费高、利润高），快递市场出现航空公司和快递公司相互跨界涉足的新趋势，快递公司和航企通过跨界经营，不断向综合性的物流服务集成商角色挺进。运量集约和运力集约造成了全球航空货运业的结构性变化，全程服务、快速反应、即时可靠和增值服务，成为新型供应链的关键成功要素。

国航成立了"民航快递"；海航先后收购天天快递和元智捷诚快递；东航一

方面通过电商业务拓展其航空货运业务，另一方面正在整合旗下的航空货运公司与物流公司，希望由传统的航空货运向现代物流商转型；南航货运采用与快递企业进行总部合作模式，推出"南航快运"产品，先后与圆通速递和顺丰速运签订总部合作协议，打造航空货运和地面物流的全产业链。与此同时，顺丰速运、圆通速递、中国邮政等国内快递业巨头均组建了自主的航空公司，电商在谋划拓宽渠道的同时自建物流，借道进入快递业。淘宝将投资千亿元用于建设自主仓储物流系统；京东商城自 2009 年以来自购土地已经 1400 亩，用于建设 7 个一级物流中心和 25 个二级物流中心；阿里巴巴联合郭台铭投资 2 亿元进入百世物流科技有限公司，并迅速完成对汇通快递 70% 股权的收购；腾讯也抓住时机投资了顺丰速运；航运公司价值链延伸、供应链再造，以收购或参股形式进入快递业，如招商局战略性入股顺丰速运。

全球领先的第三方物流商有自行租赁或购买飞机运营优势航线的趋势，如全球赫赫有名的物流公司——泛亚班拿从 2012 年上半年开始从美国 ACMI 运营商那里租两架新波音 747 - 8F，以卢森堡芬德尔机场为基地，运营至迪拜、中国香港、美国刘易斯维尔、墨西哥城、巴西圣保罗之间的定期航班服务。

三、供应商议价能力——运力、油价、货站影响议价能力

（一）货运需求增长乏力——运力过剩航空公司的议价能力有限

当前航空货运业存在的问题是需求增长乏力。2009～2011 年，全球货运业务处于停滞状态。与此同时，大量客运飞机和货机陆续交付，这些导致货运运力产能过剩。且由于很多航空公司经营相似的航线，使同一航线也出现白热化的竞争格局。航空公司之间为了争夺货源，也往往采取价格战的方法。

（二）燃油供应处于垄断，燃油成本居高不下

国际原油价格在 2010 年上升到 90 美元/桶水平之后，高居不下。2011 年，原油价格基本维持在 100 美元/桶。2012 年，虽然面临诸多不确定性，但原油价格仍然保持在 100 美元/桶的水平徘徊，这对于燃油成本占航空运营成本 1/3 的航空公司来说是个"灾难"。因为我国航空油料供应的垄断体制和航空耗油不够科学，造成我国航油价格高出国际市场 60%～100%，航油成本占到航空公司运

输成本的 30% ~ 40%，比美国航空公司高出 46%，比石油进口国日本高出 60%。使我国民航企业单飞变动成本处于较高水平。

（三）优势机场货站和地面处理资源稀缺——有区域垄断优势

机场建设经营是关系到国家利益、社会安全的基础行业，往往属于国家强制性保护的公共事业。在民航机场规模和布局上，政府要综合考虑宏观经济发展水平，各地区经济、文化、旅游等各种因素，因此机场因不可替代和不可增设性而具有较明显的区域垄断特征。2011 年，全国定期航班通航机场中，年货邮吞吐量在 10000 吨以上的有 47 个，完成货邮吞吐量占全部机场货邮吞吐量的 98.6%。其中，北京、上海和广州三大城市机场货邮吞吐量占全部机场货邮吞吐量的 54.9%。而这些优势机场的货站资源是稀缺的。因为机场货站对土地资源极为依赖，而机场内货运站的占地更为稀缺，因此各机场集团通过收取特许经营权费或租金未来会呈上升趋势。

综上所述，由于市场的供需关系，处在上游作业环节企业的议价能力越来越强，使得纯粹点对点的空中运输服务环节利润变得越来越低，而要摆脱这种困境，航空物流公司要么扩大服务范围，要么提高产品品质。

四、购买者议价能力——消费者习惯、货代货源影响话语权

（一）货主偏爱"一站式"服务——传统货航 D2D 的保障能力丧失优势

消费者消费习惯的改变，随着网购消费趋势和比例的不断提升，对"门到门"服务的需求增加。另外，由于网络及信息技术的发展和应用，航空物流的客户极易掌握最新的市场动态，了解更多的航空运输的信息。目前一个很明显的趋势——货主倾向于能提供"一站式"服务，即从客户的角度出发，应用所有的物流技术（诸如电子商务、电子沟通、新型运输工具、外包服务、准时化、一体化物流网络、供应链管理等），使客户在服务中得到满足。它被期望作为供应链中的合作者、调度者和控制者，并且具有掌握先进物流服务技术的第三方物流供应商的能力，以及物流咨询企业的能力，这些可以凭借其本身资源，或者借助与其他物流服务供应商的合作来完成。它在企业的动态网络中，作为地区甚至全球运作服务的一体化集成者，而我国航空货运目前基本处于"点到点"、"机场到

机场"的运输载体功能上，其服务水平和服务效率不高，忽略了航空运输的潜在效益和延伸效益。且国内航空运输力量分散，规模小、航线单一没有形成网络及联盟覆盖，缺乏延伸的地面代理服务资源。

（二）货代公司加快整合——国际大货代的议价能力越来越强

航空货运大部分市场资源掌握在货运代理手中，货运代理的销售手段更加灵活多变，他们的销售触角已经遍及货运市场的各个角落，航空企业虽处于价值链的核心，但因手中没有货运资源，缺乏对市场的掌控力和定价权。由于代理与航空公司是两个不同的利益主体，难以形成稳定的合作关系。

五、替代竞争——高铁货运分流、电商企业"下行"

（一）公路运输中的顽症将被清理——运输成本会逐渐降低

公路运输成本降低，"7918"高速公路网初步成型，以及德邦和安能为代表的零担物流的大力发展，对限时运输及中短途运输冲击尤为明显。如许昌万里运输集团与河南机场集团强强联手，成立了河南民航万里运业有限公司，实现空地客运、物流的联运合作等。

（二）四横四纵——"高铁"货运分流效应开始显现

对于 800 千米以内的短程航段来说，铁路运输方式无论是从价格上还是从密度上都具有明显的竞争优势。对于 800～1500 千米的中短程航段来说，高速铁路投入运营后对民航也将产生较大的影响。对于 1500 千米以上的远程航段来说，航空运输方式的时效性得以凸显，加之大型飞机的不断引进和航线网络的不断完善，远程航段上高铁对民航的冲击效应较小，综合替代性较弱。

（三）电子商务企业"往下走"——开始进入物流、快递领域

电子商务用虚拟的网络店面代替了实体店面，虽然节约了店面租金，却增加了物流成本，物流配送成为电子商务竞争的核心，电子商务企业"往下走"，开始进入物流、快递领域。

各家电商分拨中心的纷纷加速构建，实体网通过物流半径的分解，在每个区域中心聚集实体货物，以降低远程运输要求，如京东、苏宁采用纵向一体化物流模式（从配送中心到运输队伍全部自建），卓越的半一体化模式（自建物流中心

和掌控核心区物流队伍，而将非核心区物流外包），当当的轻资产物流模式（租赁物流中心，并把配送环节全外包模式），阿里巴巴"云物流"模式（在需求一端将阿里巴巴的大量客户发货信息汇总起来并对订单信息进行初步处理，在供给一端将小物流公司的分散运送能力通过信息化系统整合起来，使小快递公司通过访问星晨急便"云物流"平台获得客户，并通过这个平台取货、送货）。

根据以上分析可知：航空物流企业竞争加剧，与产业链的上下游企业——航空公司、货代公司、快递公司、电商公司进行联盟、合作，利用信息系统构建和金融资本运作，通过网络化经营，实现传统物流向综合物流服务商的转型，才是生存发展之道。

第四章　航空港实验区战略定位：
国际航空物流中心

第一节　郑州国际航空物流中心建设意义

——中原经济区发展战略突破口

一、创新航空经济先行区——以货代客，综合交通

建设郑州航空港经济综合实验区是一项开创性工作，需要充分利用区位、人口、市场潜力等条件，吸引要素、产业、人才集聚，实现航空货运枢纽和国际航空物流中心建设、航空港经济产业体系培育和现代航空都市塑造互促共进。必须着力改革创新，探索以货代客、综合交通先行的航空经济发展模式。

以货代客，是强调航空物流作为航空经济创新的重点，重点建设面向国际国内、功能强大、运转高效的航空物流体系的支撑和服务，发挥航空运输的引领作用，实现航空与公路、铁路等交通形式之间的无缝衔接和优势互补，将进一步提高河南省内集外疏、外集内配、多式联运的交通组织能力，加快形成立体式、开放型、国际化的现代综合交通体系，进一步强化提升中原经济区的交通要冲地位和多种交通运输方式交会的枢纽功能。

货运优先，靠物流带动产业也是一个结合当地实际情况的选择。河南是拥有1.05亿人的人口大省，要解决老百姓的就业问题；河南又是一个比较落后的地

区，单靠客运很难拉动地方经济的快速增长。所以空港实验区的定位是立足于河南，货运优先，服务于内陆，连通世界，物流带产业，依托郑州航空物流中心的硬件与软件建设，将来会有更多的高端制造业、高端服务业聚集到空港实验区，将会对整个河南的影响将会更大，尤其是服务业的影响。

二、打造新丝路经济带空中桥梁——建设内陆开放高地

随着全球经济一体化，国际分工与专业化协作的程度越来越高，推动了物流与经济的大融合。郑州虽然拥有良好的交通区位优势，由于河南省不沿边、不靠海，发展外向型经济的意识不强，外贸依存度较低，外资规模较小，与境外企业、央企和兄弟省份的合作不够。在区域经济竞争发展中，要使河南省资源要素丰富、消费市场广阔、劳动力成本低等优势得到充分发挥，必须借助航空运输通道，直接对接国际市场，通过充分利用两种资源、开发两个市场、积极参与国际国内经济大循环，高水平承接国内外产业转移，加速融入全球产业链和产业分工体系，促进人流、物流、资金流、信息流在全球范围的快速流动，在更广领域、更高层次上参与全球经济合作，显著改善内陆地区开放条件，形成中原经济区对外开放新高地，使郑州逐渐发展成为内陆经济开放的样板与示范。

丝绸之路经济带针对我国西部地区的特点和发展水平，对于我国进一步向西扩大对外合作空间、打造内陆开放型经济、实现东西部平衡发展有着重要意义和影响。郑州作为中原城市群中心城市和内陆经济对外开放新高地，肩负着带动河南境内秦巴山片区集中连片贫困带发展的重任，也是中原经济区与沿海三大城市群连接丝绸之路经济带的重要中转节点。加快郑州国际货运航空枢纽建设，建设郑州航空物流中心将有利于为我国经济均衡发展提供新的战略通道，推进我国与全球物流网络连接，争取构筑"丝绸之路经济带"的重要桥头堡等。

三、落实中原经济区国家战略——升级产业结构

航空物流产业层次高、关联性强，是高端制造业和现代服务业发展的助推器。建设郑州国际航空物流中心，发展航空物流，有利于更好地开发利用航空运输资源，带动与航空运输紧密相关的电子信息、生物医药、光学材料、飞机维

修、航材制造等高端制造业发展，吸引尖端科研、总部经济、金融、会展等现代服务业集聚，延伸和完善河南省产业链条，培育高产出、低耗能的新兴产业，有效推动河南省经济结构和产业结构转型升级，加快实现经济发展方式转变。

物流连接着制造业的采购、生产、储运、销售各环节，随着社会化大生产快速发展和社会分工不断细化，制造业与物流业日益有机融合、互动发展。郑州现有产业的物流附加值低，经济外向度低。河南省第二产业以资源密集型、高能耗产业为主，对增值物流业务的需求偏弱，高附加值制造业特别是临空制造业的基础薄弱，近期为航空货运发展提供充足的本地货源难度较大。这与中部产业带以及航空港规划目标存在一定的矛盾。郑州航空国际物流中心的建设，将有利于优化生产要素配置，推动制造业供应链一体化，降低企业采购商品成本，提高企业采购商品可得性，提高产业附加值，为高端制造业的发展创造重要条件；同时，能够满足中部产业带制造业及商业系统对航空货运快速高效的运输需要，衍生现代经济的技术创新和新产品的出现，吸引对运输时间效率有着较强要求的电子信息、新材料、生物医药、生态农业等高附加值业态在中部产业带的集聚，构建区域新的经济增长点。充分利用航空运输的辐射效应，增加区域国际物流需求，引导产业结构的不断优化和升级。

四、提升郑州物流业竞争力——发展现代物流产业

郑州在基础设施、企业规模、政策环境等方面，与沿海发达地区甚至部分周边省份都有一定差距，物流业规模低于武汉、重庆和西安，有竞争实力的物流企业不多。随着国家《中长期铁路网规划》的实施，武汉、重庆的铁路枢纽地位将进一步强化，郑州乃至河南发展跨区域物流将面临周边省市的激烈竞争。同时，随着国际大型物流企业在东部地区布局已经基本完成，正加快向中西部地区转移和布局，遵循物流要素向大城市、大企业集聚和先发优势排斥后发优势的规律，河南物流业发展必须在今后 5 年左右的时间内形成赶超发展态势，占据中西部地区物流发展高地，才能有效防止被边缘化和形成周边物流中心喂给市场的危险。郑州国际航空物流中心的建设，可以把区位、交通、资源等传统优势转化为产业、物流、市场等综合竞争优势，有利于将现代物流业培育成为中原经济区国

民经济社会发展的重要支柱产业。

第二节　郑州国际航空物流中心的战略定位
——国家战略、中部崛起

一、战略地位探究——源于国家战略和观念创新

（一）利用河南省的区位优势——对接民航强国战略

众所周知，世界民航强国借助于"天空开放"政策，不断扩张国际航空运输市场，获得了巨大的利益。加之，周边的日本、新加坡、韩国等国的国际航空枢纽建设起步早，分流了本属我国的中转客货资源，我国航空货运企业存在被边缘化危险。

随着航空公司的大规模并购重组以及航空联盟的发展，全球核心枢纽格局逐步形成，而亚洲地区核心枢纽之争花落谁家尚未可知，这对我们国家民航业来说是一个意义重大的机遇。2008 年 2 月 28 日，民航局出台的《关于加强国家航空运输体系建设的若干意见》明确提出，3 ~ 5 年内加强二三大门户复合枢纽建设举措包括引导基地公司尽快制订和完善枢纽建设计划，支持开辟围际航线，开辟中远程国际航线 30 条，积极拓展航线网络；逐步构建国内国际航班有效衔接的高品质航班波，简化手续；优化流程，提高中转联程服务质量等。

如果现有国内枢纽机场能依托强大的国内市场优势以及尽力争取政府方面的政策支持，通过与基地航空公司结成长期性、战略性的联盟关系进行优势互补，增强机场自身的核心竞争力，中国完全能够建设经济前景光明、适宜的国内航空枢纽。现有国内枢纽机场应该依托强大的国内市场优势以及尽力争取政府方面的政策支持，通过与基地航空公司结成长期性、战略性的联盟关系来优势互补，增强机场自身的核心竞争力，从而击败周边各大竞争对手，早日成为亚洲地区核心枢纽机场。

2009 年 7 月 1 日，国务院通过的《民用机场管理条例》开始实施。该条例的核心内容是明确了民用机场是公共基础设施的社会属性。2010 年 2 月，中国民航局提出了《关于建设民航强国的战略构想》，民航强国战略目标设定：到 2020 年，将建成 2 个以上国际枢纽机场。到 2030 年，将建成 3 个以上国际枢纽机场，10 个以上全国性和区域性航空枢纽机场。

2011 年，民航总局委托北京航空航天大学的专家张宁教授，对发展国内大型航空枢纽作了一个调研。调研报告中说，郑州各方面的优势突出，已经具备了国内航空枢纽的雏形。调研组专家认为，郑州与东北机场的平均直线距离 1237 千米，与西南机场的平均直线距离是 1171 千米，与华南是 1164 千米，与华东是 812 千米，与京津是 623 千米，加上各地旅客吞吐量的对比，现郑州最适合发展成国内大型航空枢纽。郑州机场绕航率以及对运机场数量均优于周边的武汉、长沙等机场。①

2009 年，郑州新郑机场的经停航班已超过全部航班数量的 40%，中转旅客数量已达到机场吞吐量的 11%。航空公司的"无心栽花"，已经使得郑州新郑机场的枢纽成熟度迈向了中等成熟度的大门，出现国内航空枢纽的端倪。

随着新郑机场跻身为全国八大区域性机场之一，机场区域正由"城市的机场"演变为"机场的城市"，从一个单一的交通中心转变为一个以航空运输为依托，融合航空物流、国际商贸、高端产业等于一体、辐射周边区域的经济中心。而郑州国际航空物流中心的建设，能够从根本上拓展机场航空主业，改善机场运营结构，集聚物流资源和物流设施，不断完善机场与产业结合的通道，完善空港配套服务，极大地促进空港门户作用的发挥。

（二）思想解放观念创新——寻找突破、实践先行

改革开放至今，无论发展速度还是质量，河南与沿海发达地区相比还比较落后。落后的原因是运输，郑州距离海港远。在海运时代，郑州发展严重受限。更何况，从改革开放初的特区到东南沿海的改革开放，到西部开发，到东北振兴，都有比较好的政策支持，内陆地区的郑州享受的政策实惠很少。

---

① 郑州机场中转服务联盟今日正式成立，大河网，2013 年 4 月 26 日。

显然，区位竞争不过沿海地区，政策同样竞争不过其他地区，郑州的发展相对滞后就成为一种必然。如何对外开放，成了困扰河南发展的最大难题。寻找跨越发展的路径，打一场对外开放的中原突围，成为河南历任领导人的不懈追求。在不断的实践和探索中，他们开始从另一个角度审视河南：通过抓住航空经济发展机遇颠覆这种发展格局。

航空运输的有效半径是 800 千米以外，800 千米以内都不经济。位于内陆、在海运时代发展受限的郑州优势显现出来了：可以直接连通世界。航空的远距离运输必然需要地面配套。因为航空是点对点运输，必须靠陆路运输扩散出去。而郑州的地面交通恰恰符合这一要求。京广线、陇海线，以及徐兰、京广高铁在此交会。公路方面，连霍、京珠高速，310 国道、107 国道四通八达。中原经济区规划的"米"字形高铁——济渝线和太合线也在郑州交会。

目前，中国民航发展的不均衡性比较突出，缺少一个内陆的枢纽来支撑全国的民航网络，而郑州刚好具备建设成全国甚至全球性区域交通枢纽的条件。

为此，河南计划用 12 年的时间，把郑州建成国际航空物流中心，建成名副其实的中国的"孟菲斯"：到 2025 年，货邮吞吐量突破 300 万吨，郑州机场将跻身全国前列。

二、战略地位确定——根源于产业转型和产业转移的国际物流中心

产业布局的现状和产业转移的过程产生了物流需求，国际物流中心表面上是为了解决物流需求的产生，本质上是为产业转型和产业转移服务。从远期看，随着中国在国际产业体系中的地位提升，郑州有机会成为中国中高端工业的全球供应链管理中心和中国进口消费品分拨中心之一。

（一）从产业布局和产业转型的角度看河南经济发展的物流需求

从全国的产业布局来看，我国的主要工业基地和产业带有 7 个，每个地区有其具有比较优势的产业。沪宁杭工业基地以轻型及精密机械、轻纺、电子、化工等工业最为突出。京津唐工业基地主要工业部门为钢铁、化工、机械和轻纺等工业。辽中南重工业基地主要工业部门为钢铁、煤炭、化工。珠江三角洲轻工业基地主要工业部门是以出口为主的多种加工工业和制造业。长江沿岸工业地带主要

工业部门为钢铁、轻纺、电力、矿业东部沿海工业地带包括多种轻、重工业部门，是我国引进外资和技术、发展外向型企业和对外贸易的重要地带。

作为货流产生来源的本地制造业是一地发展物流产业的重要基础，作为农业大省的河南虽然有着齐全的产业门类和体系，但具有比较优势的产业并不多，因此，在调出部分具有比较优势工业产品和消费品外，需要从省外大量调进相关的工业产品和消费品。郑州及周边河南其他地区制造业在中西部地区已经形成规模优势，但存在产业档次较为低端的弊病。河南是我国重要的经济大省，2013 年，河南全省国民生产总值 32155.86 亿元，比 2012 年增长 9.0%；分产业看，第一产业实现增加值 4058.98 亿元，增长 4.3%；第二产业 17806.39 亿元，增长 10.0%，其中，全部工业增加值 15960.60 亿元，增长 9.9%；第三产业 10290.49 亿元，增长 8.8%。[①] 同时，制造业是河南经济发展的重要引擎，工业增加值对 GDP 贡献率大，工业基础规模庞大。目前，河南制造业仍然以资源密集型、高能耗产业为主，煤电、有色金属冶炼、石油化工、钢铁等重化工业仍是制造业的主体，重化工业单位附加值低、运输方式单一、物流体系简单，对物流增值服务需求偏弱，因此河南目前的制造业主体产业较难直接转化为有效的物流需求。对于具有较高物流需求的高附加值制造业，河南目前已经形成了一些现代产业集群，如食品制造、交通设备制造等，为河南物流发展提供了初步基础。2013 年，全省规模以上工业增加值比 2012 年增长 11.8%；工业产业结构继续改善，全年全省六大高成长性产业和高技术产业（汽车、电子信息、装备制造、食品、轻工、建材）增加值分别占规模以上工业增加值比重为 60.3% 和 6.4%，分别比上年提高 2.1 个和 0.6 个百分点，四大传统支柱产业和六大高载能行业占比为 25.2% 和 37.4%，同比分别降低 0.5 个和 1.7 个百分点；产业集聚区带动作用持续增强，产业集聚区规模以上工业增加值同比增长 18.1%，对全省规模以上工业增长的贡献率达到 73.7%。服务业保持较快发展，全年全省服务业增加值 10290.49 亿元，同比增长 8.8%，占 GDP 的比重达到 32.0%，比 2012 年提高 1.0 个百分点。

从社会商品零售总额和批发总量两个维度看，河南第三产业整体规模在中部

---

① 张科峰 . 河南省 2013 年 GDP 首次跨入"三万亿俱乐部"［N］. 河南商报，2014 - 01 - 24.

地区处于领先地位。部分商品的批发贸易，如汽车与零配件、建材、纺织品等在中部地区乃至整个全国处于领先地位，形成了一批具有影响力的贸易中心。第三产业方面，全省服务业增加值 10290.49 亿元，比 2012 年增长 8.8%，占 GDP 的比重达到 32.0%，比 2012 年提高 1.0 个百分点。批发零售业增加值首次突破 2000 亿元，达到 2072.59 亿元，增长 8.3%。河南在商品流通中具有重要的地位，相对其他市县而言具有较强的集聚和辐射及中转的能力。利用郑州的地理和经济优势构建物流中心，集聚并出口国内外所需要的产品，进口本省急需的原料和物资，为产业发展服务，不失为一种选择。

（二）从产业转移的角度看河南的物流需求

产业转移是促进我国区域经济协调、可持续发展的重要途径。河南在承接产业转移中具有较大的综合优势：一是地理位置优越，是承东启西、连南贯北的重要交通枢纽，运输物流成本较低；二是资源丰富，能源、电力及水价格较低，劳动力资源廉价且充足；三是基础设施良好，有一定的工业基础，配套设施完善；四是 1 亿人口的消费市场，内需潜力巨大。凭借上述优势，加上投资环境的不断改善，河南已在一定程度上具备了接纳国际国内高水平、大规模产业转移的条件和能力。

在我国中部六省中，河南承接产业转移的优势也较为突出，正成为东部地区进行产业转移的首选地。近年来，河南成功举办了一系列重大招商引资活动，积极吸引国内外产业转移，一批大项目纷纷落户河南。各级政府也通过积极主动承接产业转移，在吸引外来资金的同时，促进劳动力就近就地转移就业，推动经济转型，为全省社会经济发展做出了重要贡献。①

资源禀赋和产业转移将使中部地区成为重要制造业基地，郑州将有机会成为辐射全球的工业品分拨枢纽。制造业的高端化必然导致大量低端消费品的海外生产与进口消费，郑州也有机会成为进口消费品分拨中心之一。近年来，河南承接区际产业转移得到快速增长，已成为河南建设资金的重要来源。对经济的快速发展具有积极的促进作用。河南利用省外资金 2003 年仅为 300 亿元，2005 年达到

---

① 程杰. 河南省承接产业转移的绩效分析［J］. 河南社会科学，2013（2）.

503.55 亿元，2006 年跨过千亿元大关，达到 1003.98 亿元。自此河南利用省外资金快速增长，2009 年突破 2000 亿元，2011 年突破 4000 亿元，至 2013 年河南实际到位省外资金 6197.5 亿元。承接产业转移，利用省外资金已成为河南省建设资金的重要来源。自 2011 年来，河南利用省外资金占同期全社会固定资产投资总额的 20% 以上，2013 年为 24%。

但是，河南省承接的产业多数仍是发达地区的不完全产业转移，即承接的只是这些产业的某个环节，多数是劳动密集型环节，其他高附加值的研发、销售等环节仍然没有转移到河南。如当前我国发达地区产业转出的楷模——富士康，其实转移的只是一些电子产品的生产线。河南郑州承接的富士康主要是 iPone 生产线，富士康在深圳以研发为主，保留少量的生产基地，把低端组装环节转移到其他地区，从而为深圳和广东的产业升级腾出发展空间。再如，近几年洛阳通过引进的太阳能电池用硅片等生产能力，移入企业以初加工、组装等环节为主，重要工序仍运回总部进行深加工，本地研发环节投入较少，这种情况在河南承接产业转移中并非个案。可见，河南承接的产业转移仍主要是生产加工环节，属于不完全的产业转移。[1]

2013 年初，国务院批复了郑州航空港经济综合实验区发展规划，这是全国首个上升为国家战略的航空港经济发展先行区。以郑州国际机场为龙头建立起的郑州航空港经济综合实验区战略定位为国际航空物流中心，是生产性服务业物流业的聚集地。在政府强有力的政策支持下，当前已有中外运、海程邦达上海畅联、上海天隽、东航物流公司等 40 家国际国内物流企业入驻。随着该地区生产性服务业的发展，也吸引了众多制造企业的入驻。如原料和市场两头在外的富士康入驻郑州新郑综合保税区后，其配套和协理企业也随即大量跟进。航空经济区在 2013 年进出口总额占郑州市的 80%，占河南全省的 55%。当前依托航空物流而集聚的电子信息、精密制造、光学材料等产业，正加速向河南转移。

三、战略地位形成——相对的比较优势

不是每个机场都能成为枢纽机场，每个城市都能成为国际物流中心，国际物

---

① 任金玲. 促进河南省承接产业转移研究——基于生产性服务业视角 [J]. 时代经贸，2014 (5).

流中心的形成必须具有一定的比较优势，而具有战略地位的国际物流中心意味着这一城市的比较优势明显。郑州航空港经济综合实验区国际航空物流中心战略地位的形成有以下几个方面的优势：

（一）郑州区位优势突出——建设空中货运枢纽最具条件

中国经济总量和制造业总量将成为全球第一，中国中部地区从地理位置上看，有出现重要的铁路和航空枢纽的条件，因为到 2030 年，中国将成为世界第一大经济体，经济总量上居于世界绝对领先地位，将形成以中国为核心，日韩、印度、东盟和俄罗斯等重要邻国经济体环绕的新地缘经济格局。这一地缘经济体系的出现，将为已初步具备复合型国际物流中心功能的郑州带来新的发展机遇。

郑州区位优势突出，铁路港、公路港、航空港、出口加工区、保税物流中心等大型物流基础设施初具规模，陆空衔接高效，物流企业集聚发展，辐射带动作用明显增强，制造业、商贸业发达，物流量增长较快，物流业发展空间巨大。

全国铁路主通道有"三纵三横"贯穿河南，铁路通车里程近 4000 千米，郑州至西安、石家庄至武汉铁路客运专线等项目建成后，郑州将成为全国唯一的"双十字"铁路中心；河南现有公路通车总里程 24 万千米，其中高速公路通车里程 4841 千米，居全国首位，实现了全部省辖市和 90% 以上的县（市）通达高速公路；郑州国际机场基础设施不断完善，客货吞吐量快速增长，已被国家确定为全国八大区域枢纽机场之一；铁路、公路、航空、水运、管道等运输方式有机衔接的综合交通运输体系基本形成，具有发展公、铁、海多式联运的天然优势。

目前，河南拥有 3 个一类口岸、9 个二类口岸、亚洲最大的铁路编组站郑州北站、全国最大的铁路零担货物中转站郑州东站、郑州铁路集装箱中心站、郑州出口加工区、河南保税物流中心。另外，建设中的郑州国家干线公路物流港、郑州国际航空港等重要物流基础设施初具规模。全省"四纵四横"的信息高速公路基本框架初步形成，电子政务、电子口岸、行业信息平台建设取得较快进展。丰富的物流资源，能够为物流产业发展提供强有力的支撑。

郑州机场地处内陆腹地，空域条件好，有辐射半径大、绕航率低、航班经停和中转比率高的优势，便于接入航线航路，适宜衔接东西南北的航线，开展联程联运，绕航率低，经停、中转率高，有发展航空运输的独特优势。依托郑州机场，建设我国首个航空港经济综合实验区，乃借地利打造经济龙头之举。郑州机场的发展目标是做中国的"孟菲斯"，成为我国重要的国际航空物流中心。郑州机场计划新建 4 个货机位，使货机位达到 9 个。开工建设近 7 万平方米的新货运仓库，为货代企业建设二级周转库。目前，郑州机场二期工程建设全面提速，T2 航站楼、GTC（综合交通换乘中心）主体工程、旅客捷运行李隧道及东西贯穿路工程进展顺利。河南"米"字形快速铁路网规划建设取得重大突破，已与中国铁路总公司联合向国家发改委上报了建设规划，按照与机场二期工程同步规划、同步施工、同步运营的要求，正在完善铁路郑州南站规划方案，优化城际铁路施工设计。2014 年 1～4 月，机场二期工程已完成投资 12.9 亿元，高速公路完成投资 23.4 亿元，市政道路年内第一批 38 个项目已全部开工，道路总里程约 92 千米。建设机场货运枢纽，有序推进《郑州新郑国际机场总体规划》实施，建成第二跑道、第二航站楼，适时研究建设货运专用跑道、第三航站楼。

2012 年以来，郑州航空口岸国际航空货运呈井喷式发展态势，吸引了国内外众多知名航空公司开通了全货运包机航线和腹舱带货业务，国际航线覆盖范围大幅拓展，航班密度急剧加密，目前国际货运航线已涉及亚、欧、美三大洲。郑州航空港经济综合实验区规划运作以来，已有 144 条航线开通，全货运航线 23 条，吸引美国 UPS、联邦快递、俄罗斯空桥等国际航运企业纷纷入驻，形成了通达全国主要城市和欧美亚的航线网络。一个航运、公路、铁路互联互通的立体交通枢纽已经形成。

到 2025 年，货邮吞吐量突破 300 万吨，郑州机场将跻身全国前列。根据规划目标，河南争取用 12 年的时间，把郑州机场建成国内重要的国际航空物流枢纽，届时它将成为名副其实的中国的"孟菲斯"。

当前我国的北京、上海、广州三大机场空域资源运营已经接近饱和，很有必要在中西部区域挑选一个发展前景好的机场使之承担三大机场的部分中转功能，缓解其运输压力。在这样的背景下，郑州通南达北、连贯东西的地理位置与综合交通枢纽优势使得郑州机场已经具备成为我国中部枢纽的条件，有可能打造成我国第四大航空港。

河南公用电信网在我国具有重要的战略地位，省会郑州是我国的重要通信枢纽之一，国家骨干公用电信网"八纵八横"有"三纵三横"途经河南，加上南北、东西两条架空光缆干线从河南穿过，构成河南省"四纵四横"的信息高速公路基本框架。2014年2月20日，河南省人民政府印发《"宽带中原"战略及实施方案》，提出了两个阶段的发展目标：到2015年，基本实现城市光纤到楼入户、农村宽带进乡入村，固定宽带用户超过1600万户，普及率达到50%；3G/LTE用户超过4000万户，普及率达到40%；行政村光纤通达比例达到80%以上，光纤到户覆盖家庭达到1300万户；互联网省际出口带宽增至6000 Gbps，互联网网民规模达到7000万人。到2020年，实现宽带网络全面覆盖城乡，固定宽带用户达到2500万户，普及率达到80%以上；3G/LTE用户超过8000万户，普及率达到85%；行政村光纤通达比例达到95%以上，光纤到户覆盖家庭达到1900万户。

（二）综合经济实力持续增强——产业优势明显

航空港经济综合实验区是郑州都市区发展的新引擎。以实验区建设为主的航空枢纽及其相关的航空运输业、航空关联性产业、航空服务业的发展及深度调整，会带来新的经济形态。这些新的产业形态通过延伸面向周边区域的产业和服务链，可以推动郑州中心城区、郑汴新区联动发展。以参与国际市场分工为特征，吸引航空运输业、高端制造业和现代服务业集聚发展而形成的航空经济形态，将成为提升区域经济竞争力的动力源。截至2014年4月底，郑州航空港实验区累计新签约项目67个，总投资超过2000亿元。"菜鸟"飞进郑州，与河南省政府签订《战略合作框架协议》；先人一步"入驻"中原的富士康，智能手机生产规模进一步扩大，创维、酷派、中兴、天宇等整机生产企业纷纷进驻实验区，正威集团和深圳手机协会组织的268家深圳手机生产及配套企业，近日也与实验区完成智能终端对接合作事宜；微软、顺丰物流园、友嘉精密机械、正威科技城等多家投资超10亿美元的大型项目正在建设中。

近年来，郑州现代物流业持续快速发展，具有一定的先发优势。以连接性和物流量两大条件衡量，郑州有机会、有能力发展成为中西部地区的国际物流中心。随着全球经济一体化加快推进，国家促进中部地区崛起战略和西部大开发战略的深入实施，我国东西部之间产业转移速度加快，周边物流中心城市竞争力逐步增强，巩固提升郑州物流中心地位已迫在眉睫。截至 2014 年 4 月底，郑州机场开通客运航线 116 条，其中国际地区 14 条；开通货运航线 27 条，其中国际地区 23 条，占中部地区的 90% 以上。河南航投收购卢货航 35% 的股权，初步构建了以郑州为亚太物流中心、以卢森堡为欧美物流中心，覆盖全球的航空货运网络；新郑综合保税区成为"自产内销货物返区维修"全国 10 个试点之一；郑欧班列已累计开行 25 班，打通了我国内陆地区至欧洲的国际铁路物流大通道。①

目前，我国的物流中心大多位于东部沿海地区，随着经济结构的优化调整和区域经济的统筹推进，我国经济重心将逐步西移，未来国际物流中心也将随着经济发展格局变化向中西部迁徙。根据物流中心的形成条件和发展趋势，郑州可以成为未来我国中西部地区的国际物流中心、国际航空物流中心。

（三）通关环境优越——通关效能提升综保区功能拓展

郑州海关 2013 年 8 月发布实施了《郑州海关支持郑州航空港经济综合实验区建设的十项措施》，郑州航空港经济综合实验区获得全国第二个综合经济实验区海关国内地区代码，前 10 个月海关审批各类减免税 1122 笔，审批货值 3.92 亿美元，累计减免税款 3.08 亿元。②

2013 年以来，河南省口岸大通关效能不断提升，主要表现在：首先，自首班至 11 月 23 日，郑欧国际货运班列已开出 8 班，郑州海关共监管集装箱数 674 个，货运量 5153.64 吨，货值 2583.53 万美元，受理出口报关单 162 份。目前，班列出口货源半数以上来自省外，品牌效应和铁路口岸物流集聚作用初显。其次，海关支持河南促进增开国际航线。郑州机场已实现与港澳台地区的全部直航，南航、东航、俄罗斯空桥货运航空等国内外知名航空巨头纷纷抢滩入驻郑州机场，已开通直达亚欧美澳四大洲的国际客货运航线 40 条。2013 年 1～10 月，海关共监管进出境航班 8083 架次，进出境人员 56.3 万人次。再次，航空快件和保税航材、保税航油等新型业务运转顺畅。目前，快件承运企业共有 4 家，分别为 UPS、中外空、嘉里大通和海程邦达。截至 2013 年 10 月底，保税航油累计入库 43110 吨，已为 20 家航空公司提供了保税航油加注服务，累计加油 23960 吨。

---

① 郑州航空港建设"热力"十足［N］. 河南日报，2014－05－18.
② 郑州海关支持航空港十项措施初见成效　通关效能提升综保区［N］. 河南日报，2013－11－30.

最后，持续推进大通关改革，整合完善海关特殊监管区域监管辅助平台，实现了信息共享、联动管理；在综保区和出口加工区正式启动"两单一审"通关业务模式，缩短了申报时间，简便了报关手续。

2013年10月21日，海关总署批准同意郑州新郑综合保税区分别与淮安综合保税区、郑州出口加工区开展保税货物结转试点；11月6日，又批准北京天竺综合保税区、昆山综合保税区、苏州高新区综合保税区的多家企业与郑州新郑综合保税区内企业之间开展试点。参加试点的企业间，保税货物可以根据自身需要分批送货，每个月集中报关一次即可，大大提高了申报和通关的效率。

郑州海关对返区维修业务单独设立电子账册，2013年8月9日至9月3日，首批300台手机返区维修完毕；10月18日，第二批返区维修手机入区申报。

另外，2013年11月12～13日，郑州综保区海关完成首批微软旗下X－box-one网络游戏机入区"一日游"业务的验放手续。这是综保区海关自封关运行后验放的最大数量的单票报关货物，共计8车478个托盘，25812台微软X－box-one，重达195.78吨。今后微软X－boxone系列产品将经陆运进入郑州综保区，再转关至郑州机场海关办理出境，在海关监管下实现货物的仓储、流转。该项业务进一步拓展了郑州新郑综合保税区的保税物流结转功能，并壮大了机场的货源，有利于综保区和机场发挥"区港联动"优势，实现"双赢"发展。

（四）"四化协调"——新型城镇化让郑州成为进出口商贸中心

我国沿海省份发展历史表明，当一个地区城镇人均收入达到1万～1.2万元时，进口商品消费将快速增长。但随着我国中部省份新型城镇化的推广，中原经济区城镇人均收入的提高，未来中部地区进口商品消费市场前景可观。届时，我国的进口消费品布局将更均衡，我国大部分省份人均进口商品额均将超过500美元/年，进口商品全国分拨中心有从沿海转移到中部的需求，这可能成为郑州发展为中国中部地区进口商品分拨中心的机会。

四、战略地位强化——航空港实验区的空间定位

中国地处五大洲的中心地理位置，处于北美、东南亚和欧洲及北非大三角航线的亚洲拐点附近，接壤东北亚、东南亚、中亚和南亚，中国在国际航线网络上

呈现地理优势的地点有多个。北京、上海、广州、昆明和乌鲁木齐都是天造的选择。

中国香港已经成为大型国际航空枢纽，拥有洲际航空运输网络；韩国首尔仁川国际机场和日本东京成田机场，已经是成熟的国际航空枢纽；新加坡樟宜机场、马来西亚吉隆坡机场和泰国曼谷机场，一直是欧洲与大洋洲航线的重要国际航空枢纽，中国台北桃园机场也加大北美、大洋洲、欧洲和中国内地的直航城市，枢纽机场之争很激烈。从地缘政治和国际经济以及提升国家软实力的角度来考虑，"立足全国，面向全球"我国航空网络布局构筑的三个层次的航空交通圈如下：

第一层次是航空支线交通圈：在全国各大经济区内部构筑飞行时间为 0.5 ~ 2 小时。

第二层次是航空干线交通圈：在全国各经济区之间构筑旅行时间为 1.5 ~ 4 小时。

第三层次是洲际航空交通圈：在中国国际枢纽机场与全球主要国家主要城市的机场之间实现"全球一日达"的洲际航空交通目标。①

国际枢纽机场与深水港口只能局限于沿海地区不同，原则上可在全国范围内进行布局。而无论从本源性还是外生性客货源来说，均有必要在全国范围内增设国际枢纽机场，并使这些机场成为国际航线网中的主要节点，以发展全面对接亚、欧以及北美三大航空市场，辐射非洲、大洋洲及南美洲的全球航空网络。

为了构筑我国"面向全球"的航空交通圈体系，我国在国际枢纽机场的建设的战略布局是，一方面应做强东部枢纽机场，尽快促成京沪穗三大枢纽机场率先建成国际航空枢纽；另一方面应做强中西部若干枢纽机场，我国在国际航空货枢纽机场建设的战略布局是建设 3 个国际航空货运枢纽群（民航"十二五"发展规划提出，支持和鼓励航空货运企业建设航空货运枢纽，并提出通过航线经营权、航班时刻等方面的引导，最终形成 3 个国际航空货运枢纽群：环渤海地区以北京、天津为主，大连、青岛、济南、石家庄为辅；长三角地区以上海为主，杭

---

① 欧阳杰. 关于我国西部国际枢纽机场布局的思考［J］. 国际航空杂志，2006（7）.

州、南京为辅；珠三角地区以广州为主，深圳为辅）。① 但是随着京沪穗 GDP 结构逐步高端化，京沪穗与高端 GDP 相联系的航空客运市场会在长期高速发展，而伴随着制造业的天然低成本追逐特点，与航空货运相对应的 GDP 将在经历一段较长时间的蓬勃发展后逐步从京沪穗西移②，代工巨头富士康将苹果手机和苹果平板电脑的生产线带到了郑州和成都，重庆则成功地争取到了一批笔记本电脑生产厂商的落户。这些高科技电子产品不仅价值高，市场范围覆盖全球，对运输时限的要求也较高，发展航空货运业迫在眉睫。航空货西移必然会影响世界航空货运格局，也必会影响原有 3 个国际航空货运枢纽群的组合。郑州积极参与洲际航空交通圈竞争，符合国家战略的《郑州航空港经济综合实验区发展规划》制定了要将郑州建设竞争力强的国际航空货运枢纽的战略布署，中国民用航空局也在给予积极的支持（民航局的支持首先是从理念和规划上，帮助郑州把实验区规划和设计好，另外还积极支持国内一些航空公司，在郑州建立基地、投入运力）。

在洲际航空交通圈层上，郑州有良好的空间区位优势，但建设世界航空货运枢纽之路却很艰难，因为要打造航空货运枢纽，离不开一家实力雄厚的货运航空公司的配合。我国国际航空货运量的"大头"为外航承运，2011 年内地机场国际及港澳台地区航线的货邮吞吐量的 70.9% 由外航承运，外航数量超过了 100 家，河南航投收购卢货航 35% 的股权，而卢货航要在世界全货机亏损的环境中获利也绝非易事；郑州还需要处理客运和货运的关系问题（在省会城市建设航空货运枢纽，也颇为重视客运发展，河南人口稠密，机场年旅客吞吐量已过千万人次大关，如何在白天时刻资源紧张的情况下，分给货机部分时刻，提高飞机利用率，是机场面临的挑战）；如按照国际区域性枢纽和中心的功能进行定位，在实现主导产业和战略性新兴产业的突破式发展，还需要符合建成世界城市的要求（机场体系与城市体系之间存在一定的关联性，机场的等级体系应该与城市的经济社会发展水平以及城市职能相匹配）。

① 齐健，王丽. 我国将通过打造若干航空枢纽群参与国际航线竞争［N］. 经济参考报，2011 - 04 - 11.

② 陈华，王爱民. 从长三角地区经济发展看上海中远期航空枢纽战略布局［J］. 上海经济研究，2007（8）.

第三节　郑州国际航空物流中心建设目标

——国际航空物流中心

郑州航空港经济综合实验区战略定位是国际航空物流中心——建设郑州国际航空货运机场，进一步发展连接世界重要枢纽机场和主要经济体的航空物流通道，完善陆空衔接的现代综合运输体系，提升货运中转和集疏能力，逐步发展成为全国重要的国际航空物流中心。①

国际航空物流中心是中原物流体系的组成部分，这里的国际航空物流中心不仅指物流场所，而是指以枢纽空港为依托的，所在经济区域范围内各物流系统的有机综合：要将新郑国际机场建设成为国际货运枢纽机场，将郑州打造成为电子终端制造中心与 E 贸易中心、国际航空物流节点城市，充分发挥航空港实验区的优势，加快建立与国际物流网络及市区配送中心的有机衔接，基本形成以国际物流中心为核心、以区域性物流中心为重点、以地方性物流中心和空港物流园区为基础的中部空港综合物流体系。

对照国际航空物流中心建设框架，郑州国际航空物流中心体系如图 4 - 1 所示。

一、国际物流中心——航空物流中心、陆港物流中心

（1）定性目标：航空物流中心、陆港物流中心。

（2）服务基础：新郑机场建成航空货运枢纽机场，郑州国际陆港建成保障欧亚班列运行的陆港中心。

（3）服务空间/范围：全球主要经济体，形成以中国为核心，辐射欧洲、亚太、日、韩、俄罗斯、印度、东南亚等经济体的物流服务网络。

---

① 郑州航空港经济综合实验区发展规划［Z］. 河南省人民政府，2013 - 03 - 07.

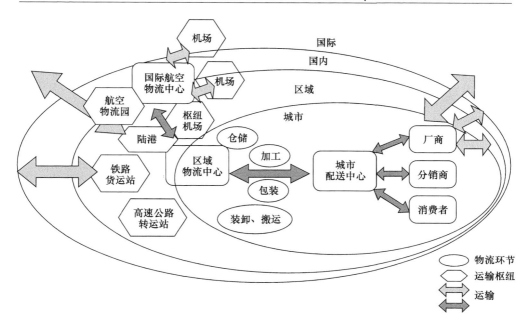

图 4 -1　中部空港综合物流体系

（4）服务内容：以物流产业链为主上下游延伸生产链与消费链，将形成以供应链管理为核心的现代物流服务，跨境电商国际航空物流服务。

（5）物流参与主体：综合物流服务提供商、供应链管理服务提供商、物流专业平台服务商。

（6）定量目标：到 2030 年，郑州将有机会成为中国先进制造业的全球分拨中心，年发出国际货物可达到 265 万标箱，其中通过东部基本港运往全球目的地约 237 万标箱，通过欧亚铁路运往中亚和欧洲的约 28 万标箱。建设郑州国际物流中心，通过建设国际物流中心，2030 年的交易额超过 189.28 亿美元。①

二、区域物流中心——辐射中西部的区域分拨中心

（1）目标：辐射中西部的区域分拨中心。

（2）服务基础：国际采购中心、区域分拨中心、铁路货运站、高速公路转

---

① 郑州市人民政府关于郑州市加快推进国际物流中心建设的意见［Z］．2011 - 06 - 11.

运站。

（3）服务空间/范围：本国及周边区域。

（4）服务内容：货代、储、运输、集散分拨。

（5）物流参与主体：专业性运输公司（航空、公路、铁路、海运）。

三、物流中心与空港物流园——丰富国际物流中心的物流生态

（1）目标：仓储/运输中心。

（2）服务基础：物流中心、物流园、城市配送中心。

（3）服务空间/范围：城市及周边区域。

（4）服务内容：仓储、加工、包装、配送、装卸搬运。

（5）物流参与主体：企业自营物流公司、分销商、配送企业。

第四节 国际物流中心城市体系——航空大都市

《郑州航空港经济综合实验区发展规划（2013～2025年）》的下达标志着郑州城市化转变的新里程，将由大都市向航空大都市进行转变。

一、专业型航空大都市引领——物流型航空发展都市

专业型航空大都市引主要是利用当地已有优势，发展具有浓郁地方特色的航空大都市发展模式。比如，孟菲斯的物流型航空发展模式，迪拜的商务贸易型航空发展模式。

国外的航空大都市的建设主要遵循通过以枢纽机场作为支撑点，以便捷地连接周边城市带的骨干立体交通网络为基础，充分发挥航空大都市的先进性。注重机场的服务能力和服务效率是航空大都市成功的关键要素，各国航空大都市的建设均注重因地制宜，走自身特有的航空大都市建设道路。

二、郑州国际物流中心城市体系——航空大都市的探索

在经济全球化的背景下，要更好地对外开放，更多地承接世界产业的转移，与全球经济深入交融，必须要有发达的交通体系支撑，加强航空、铁路、公路交通系统的高效衔接，是发展航空经济的基础和条件。郑州在加快综合交通枢纽建设的步伐，夯实郑州航空大都市建设基础。郑州作为中国中部地区最大的交通枢纽中心拥有国内最完善的铁路覆盖以及比较良好的公路条件，这些硬件基础设施的建设可以为航空大都市的建设打下厚重的基础。

郑州在积极发展进出口贸易物流，在为将郑州航空大都市建设成为国际商贸中心城市而努力。郑州国际物流中心建设在以空港为核心，以辐射区为载体，发挥新（新郑国际机场）—芬（芬德尔国际机场）综合优势，实施以贸促物，创新商贸物流服务模式，发展进出口贸易物流，让跨境物流对接跨境电商，线上线下互动、空港陆港互联，实现空港商贸物流一体化，努力构建集"商流、物流、资金流、信息流"于一体的物流供应链体系，努力建设服务全国的进口商品交易集散中心、进口商品信息中心和价格形成中心。

郑州在探索陆空港协同发展模式，分析沿新丝路构建空港—陆港一体化商贸物流中心群的可行性，努力将郑州航空大都市建成空陆合一的国际物流中转枢纽港城市。在河南建设连通境内外、辐射东中西的物流通道枢纽的背景下，以郑卢航班、郑欧班列空、铁串连起丝绸之路经济带三大经济板块的经贸合作，将让买全球、卖全球成为可能。通过探索空中丝路物流体系、商贸体系协同，促进空港—陆港内各物流商、贸易商互动，探索航空、铁路、公路、数字一体化运作体制；探索中欧政治、交通、商贸、金融合作、智能高端和互联互通的基础设施网络合作、航空环境保护和可持续发展等合作创新，可让构建空港—陆港一体化、干支结合的商贸物流中心群、空陆合一的国际物流中转枢纽港城市成为可能。

第五章　郑州国际航空物流中心建设

第一节　郑州国际物流中心的建设成效与制约
—— 郑州速度与郑州困惑

一、国际物流中心的建设成效——枢纽机场、陆港物流中心、物流中心

（一）枢纽机场及航空港

1997 年新机场在新郑通航后，就开始围绕机场做文章，抽调干部充实机场所在的薛店镇。

2003 年，新郑市将空港管委会提到了副县级。

2007 年，航空经济的势头已经显现，河南省委省政府以航空港为核心划出了 183 平方千米，成立了正县级的郑州空港经济区。

2011 年 11 月，郑州新郑综合保税区正式封关运行。这是国内少有的围绕机场建设的综合保税区。

2011 年 3 月，知名电子企业富士康落地，成为郑州空港经济区发展的一个重要推动力。2012 年，富士康完成进出口总额 285 亿美元，在全国综保区中排名第二，在全国 110 个海关特殊监管区中，排名第五。

2012 年 9 月，郑州市跨境贸易电子商务服务试点项目启动，成为全国唯一利

用综合保税监管场所进行试点的城市。

每个项目的推进使郑州机场在全国处于理念领先的地位，航空经济的能量开始显现，郑州航空港开始了从"纸上蓝图"变成"现实样板"的跃进。①

国家在《综合运输体系中长期发展规划（2020年)》及《"十二五"综合交通发展规划》中，将郑州列为全国重要综合交通枢纽。河南省综合运输体系规划及郑州市交通规划也在充分贯彻"交通促豫、枢纽兴郑"的指导思路，强化郑州交通枢纽建设。②

《郑州机场总体规划》、《郑州航空城总体规划》、《郑州航空港经济综合实验区概念性总体规划（2013～2040)》系列规划出台，为加快实验区建设步伐，10余家省直机关已相继出台支持文件，为实验区建设国际物流中心创造了条件。

（1）快件监管中心获批。2013年3月26日，郑州海关快件监管中心在郑州新郑国际机场正式运行，新郑机场也成为能直接对国际航空快件分拣、交付和收运等业务处理的机场。

（2）"卡车航班"成为重要补充。截至2013年9月，郑州海关已开通抵达北京、上海、天津、青岛、西安5个城市的"卡车航班"，货物运抵上述空港后，再由卡车代替飞机航班将国际货物运至郑州，在新郑国际机场通关验放。

（3）建立区域通关机制。截至2013年11月，郑州海关已与12个直属海关（北京、天津、满洲里、上海、南京、青岛、深圳、乌鲁木齐、广州、黄埔、太原、西安）开通了区域通关业务，将这些关区的口岸通关功能延伸到了郑州，涵盖了河南企业进出口必经的绝大多数口岸海关。河南出入境检验检疫局已与天津、山东、河北、连云港达成了"检验检疫直通放行"的便利化通检协议，实现了与上述4省市便捷的通检模式。在监管查验服务方面，郑州海关、河南出入境检验检疫局、郑州边防检查站实施了7×24小时预约通关模式。信息平台建设方面，"区港联动"信息平台正在加快建设中，该平台将实现郑州新郑综合保税区与新郑国际机场"一站式"通关。

（4）河南省电子口岸综合服务中心即将建成投入使用。该系统可以整合海

---

① 起飞的"中原梦"［N］. 大河报，2013 - 04 - 25.
② 国家发展改革委关于印发促进综合交通枢纽发展的指导意见的通知［Z］. 2013 - 04 - 02.

关、检验检疫、国税、外汇、商务、工商等 16 个单位的申报电子平台，实现报关、报检、外汇核销、出口退税等的"一个门户入网、一次认证登陆、'一站式'服务"的口岸业务无纸化、电子化办公。

（5）航空港地区空间布局逐步打开。航空枢纽、高速铁路、城际铁路、高速公路等客运零换乘和物流无缝衔接的综合交通枢纽建设进入实施阶段。

（6）机场二期工程建设正加快推进，在重点推进机场二期货机停机坪、仓储场站等物流配套工程的同时，海关二级监管库、航空快件处理中心、天地华宇转运枢纽、中外运中部物流枢纽重点项目建设也在进行中。

（二）陆港物流中心及"无水港"

国务院批复的《中原经济区规划》、《郑州航空港经济综合实验区规划》是助推中原经济腾飞的"双引擎"，河南省委、省政府以帷幄全局、纵览全球的国际化视野，在铁路一类口岸、郑州铁路集装箱中心站的基础上，提出了高标准、高规格建设中原国际陆港物流中心的战略决策，并成立了郑州国际陆港开发建设有限公司，建设中的中国国际陆港位于国家郑州经济技术开发区内，它是集合构建具有货物收发、报关、报检、签发提单等港口、口岸、货物集散和商贸服务功能的现代物流中心，并集铁路港、公路港、空港、海港"四港"一体，定位为国家铁路一类口岸、多式联运服务中心、中欧班列货运中心，是郑州市打造丝绸之路经济带重要节点城市和中欧铁路物流中心的核心载体。围绕郑州内陆"无水港"，在洛阳、安阳、焦作等布局了"无水港"子项目。

郑欧国际货运班列是郑州国际陆港主要的对外开放平台，2013 年 7 月 18 日开行首班班列，目前每周开行 2 班，目的地覆盖欧洲 12 个国家 32 个城市。在开通郑欧国际铁路货运班列的基础上，还加密了郑州至青岛、连云港等口岸的"五定"（定点、定线、定车次、定时、定价）班列，提升陆海联运国际货运集疏能力。

郑欧国际铁路货运首班班列顺利开行，标志着中国内陆地区又一条直达欧洲的陆上铁路货运大通道的全线贯通。预计到 2020 年，集装箱年吞吐量达 120 万标准箱。①

（三）物流中心项目及节点体系

在《2013 年河南省服务业重点领域发展行动方案》中，郑州国际物流中心和节点体系建设要求围绕建设全国现代物流中心和国际航空物流中心，以现代综合交通运输体系为依托，结合郑州航空港、"无水港"、国际物流园区及节点城市物流园区建设，建设 200 个重点物流项目，完成投资 380 亿元。其中，国际物流园区项目将投资 55 亿元。

洛阳、商丘、南阳、信阳、安阳、濮阳、三门峡 7 个物流节点城市建设方案已经制定，将建成投用 15 个区域分拨和城市配送中心，能进一步提升区域物流节点集散辐射能力和与郑州物流中心功能对接、互动发展能力。为提升产业集聚区物流配套服务能力，组织建设了 50 个生产服务型物流中心、20 个综合或专业性物流园区。②

二、国际物流中心的发展制约——外部竞争、内部产业、投资、时间

国际物流中心建设虽然有诸多有利条件，但也存在较多的制约因素，从而限制了国际物流中心的发展。

（一）周边城市国际物流中心建设的同质化竞争日趋激烈

国内外航空物流发展规律显示，货运枢纽机场的先发优势效应明显。孟菲斯、仁川、香港和上海浦东成为航空物流枢纽后，周边城市基本失去了成为同类型航空物流枢纽的机会。中西部地区武汉、西安、成都、长沙、重庆等中西部城市都将发展航空物流提升至战略层面，全力推进航空枢纽建设，抢占区域航空物流发展制高点。郑州受到来自西安等地的多重压力，客货积聚度较弱。武汉、长沙和西安等机场的二期扩建工程正在加速建设，空港物流园区等配套设施日益完善。目前，郑州机场二期工程正在建设，配套的空港物流园尚处于规划布局阶段，同周边主要机场相比，河南省机场基础设施、空港物流园建设相对滞后，地

---

① 总书记考察郑州国际陆港［N］. 郑州晚报，2014 - 05 - 12.
② 河南省人民政府办公厅. 2013 年河南省服务业重点领域发展行动方案［Z］. 2013 - 08 - 20.

面配套与延伸服务存在诸多不足，没有形成完善的资源优化配置和资源充分利用模式。

（二）本地航空货源不足

河南是一个农业大省、重化工业大省，传统产业居多，适合航空运输的高端制造业占比相对较小，区域经济国际影响力和辐射力还需提升。随着欧美经济的持续低迷，海外市场的消费需求复苏乏力，我国对外出口贸易额仍将维持历史低位，2012 年中部六省进出口总额才占到全国的 4.47%。2013 年中国进出口总额 4.16 万亿美元，增长 7.9%。中原地区经济发展相对滞后、人均收入偏低，导致其消费进口产品能力不高。河南远离我国传统国际航空货源的主要生产基地和消费市场，运输成本高，限制了其集散能力的发挥。

（三）国际物流中心建设投资、时间、效益问题

全球一体化经济的快速发展，正在改变竞争规则和企业选址，全球采购和分销、准时制生产和配送、定制化生产使航空市场需求和供给环境复杂多变，全球航空市场发展重心向东方转移，中国中西部地区成为承接东部产业转移的主战场。

随着国际地缘政治与地缘经济的变化，承接产业转移速度的加快，中部地区产业结构、流通业态的调整，郑州的城市定位、城市物流中心体系结构发生了巨大的变化，郑州和中原经济区各城市开始从整体上系统性规划和设计国际化物流设施和功能。2014 年 1 月，《郑州航空港经济综合实验区概念性总体规划（2013～2040）》经省政府常务会议审议通过。随着郑州航空港经济综合实验区建设的全面启动，2013 年实验区固定资产投资 200 亿元①，国际航空物流中心物流基础设施的投资若作为公共设施由政府投资，对政府投资能力的压力是巨大的，加之从建设到运营需要一定的周期，建成后进入正常经营需要经历市场开发与业务成长过程。

（四）缺少基地公司，支撑作用有限

基地航空公司凭借自身的网络和资源优势，能为入驻的机场提供航线网络、

---

① 郑州航空港经济综合实验区召开 2014 年工作会议［Z］.2014－02－18.

客户货源等核心业务，是建设航空枢纽的重要支撑。目前，郑州机场共有 29 家航空公司运营，其中客运航空公司 20 家，货运航空公司 9 家，驻有南航河南公司、深航郑州公司、鲲鹏航空公司 3 家基地航空公司。在郑州机场运营的航空公司有 37 家，开通航线 143 条。2012 年，郑州机场运输市场份额中，南航河南分公司开辟的航线和运力占到郑州机场市场份额的四成以上，从市场份额和支撑能力来看，郑州机场真正意义上的基地公司仅有南航河南分公司 1 家。2013 年 1 月 14 日，郑州航空港区建设再传喜讯。随着河南民航发展投资有限公司（简称河南航投）与卢森堡货运航空公司（简称卢货航）的签约，欧洲最大的全货运航空公司正式落户郑州，有望成为入驻郑州机场的首个国际货运航空基地公司。

（五）交通枢纽总体能力不足，枢纽要素构建单一

在物流中心和交通枢纽建设方面，还存在交通枢纽总体能力不足，枢纽要素构建单一，枢纽一体化功能缺乏；场站布局与城市发展矛盾凸显问题。枢纽建设缺乏统筹兼顾，"货港"发展薄弱，忽略了郑州作为全国物流中心的货运支撑功能等问题。特别是随着全国路网向多中心、多网格、多交点的布局调整，郑州将面临西部重要节点城市及周边节点城市的综合交通枢纽构建带来的影响和竞争。从长远发展看，郑州交通枢纽在进一步满足区域经济一体化发展和产业调整，对接国家综合交通运输大通道和枢纽建设布局，促进区域交通优势转化为经济优势方面，还面临着交通枢纽发展及功能定位有待提升，枢纽总体布局尚待优化，综合交通枢纽潜力挖掘不足，政策措施需要强化等问题。

（六）空港、陆港统一和协调运作机制还需要加强

集航空港、铁路港、公路港三港于一体的国际航空物流中心建设还面临如何将"港"的发展特色与"城"的空间布局相互结合，以"港"带"城"，以"城"促"港"？如何通过多模式衔接、多层级集散、智能化运行，解决 300 万吨货，7000 万人次的快速疏散，满足"客货分离，快速疏散"等诸多问题。

空港、陆港建设需要各方面的统一和协调运作，但尚未建设起高效的运作机制和通道。空港、陆港运作主体是多方面、多层次的，包括政府、企业、海关、检疫、空港、铁路、海港、海运、金融、货代等相关主体和部门，如果某一个环节出现问题，整体运作就会受到影响。"无水港"不但要求具有海港的全部功

能，而且与产业发展直接相关，如果条件不全、设施不够、网络乏力，很容易使新建设的"无水港"成为"四不像"，浪费了宝贵和稀缺的资源。中部集装箱运输量虽然增长速度快，但占比不是太高，且集装箱数量有限、标准参差不一，与国际贸易不太匹配。[①]

（七）物流中心项目及节点体系基础有待加强

一方面，郑州及周边城市目前主要物流园区现有规模普遍不大；另一方面，物流园区空置现象严重，说明物流中心项目及节点体系建设不完全适应经济结构、产业结构、产品结构调整乃至发展现代物流的需要，国际物流中心及节点体系基础建设还存在资源整合与土地合理利用问题，物流基础的交通、运输组织问题，为推进国际物流中心体系健康发展，要在系统规划设计的同时，完善规划协调机制，提高土地合理利用，并将物流基础设施建设与交通基础设施的发展进行融合。[②]

第二节　郑州国际航空物流中心总体布局
——"四枢、三港、多站"

参照经国务院批准的《郑州市综合交通规划》、《郑州航空港经济综合实验区概念性总体规划（2013～2040）》，确定郑州国际航空物流中心城市体系布局。

一、总体布局——层级"四枢、三港、多站"[③]

（1）四枢：新郑国际机场、郑州火车站、郑州东站和郑州西站（荥阳）。

（2）三港：航空货运港、铁路货运港和国际物流港。

（3）多站：铁路客货站和公路客货站。

①　范珍．承接产业转移与西部"无水港"建设问题研究［J］．物流技术，2012（5）．
②　汪鸣．当前物流基础设施建设和发展中值得注意的几个问题［J］．铁道运输与经济，2004（8）．
③　郑州：现代综合交通枢纽规划研究通过评审［J］．交通科技信息，2013（4）．

二、国际物流中心货运枢纽布局体系——"三港多场"对接海陆空通道及城市

配合连接全球的"航空港"、覆盖中西部的内陆"无水港"、辐射中亚欧洲的"东方陆港"建设，形成三港，指航空、铁路和物流配套其他功能的货运物流港。

以郑州国际机场为核心，配合机场物流园区、航空国际货运中心和快递物流分拨中心功能，形成国内大型航空枢纽，并把新郑国际机场建成重要的国内航线中转换乘和货运集散区域性中心。

以铁路集装箱中心为核心，配合"无水港"、东方陆港功能，货场、编组站建设的铁路货运枢纽港，形成国际物流集散中心，区域出海通道和中东部地区物资集散基地。

以郑州国际物流园区为骨干，配合郑州干线公路物流中心、新加坡物流产业区和中南邮政物流集散中心功能，形成国际物流港。

多站：指以公路货运集散、配送铁路、航空及区域物流园区货物为主的公路货运站体系。

第三节 郑州国际航空物流中心建设思考
——如何提高系统整体水平

物流基础设施系统包括铁路、公路、港口、机场等基础设施以及配送中心、信息网络、通关等功能设施。这是现代物流系统的物质基础，也是反映城市国际航空物流中心系统整体水平的标志之一。

一、物流基础设施建设宏观布局——符合大交通、大物流战略

要着力打造国家重要的多式联运中心、集散分拨中心和物流配送中心，着力

打造郑州航空港经济综合实验区"国际航空物流中心",建设内陆"无水港"和"东方陆港",巩固、提升在全国物流格局中的枢纽功能和作用,将河南建成覆盖中西部、辐射全国、连通世界的内陆型国际物流中心和国家现代物流业发展高地,需要实施大交通、大物流战略。为了构建与国际接轨的现代物流服务体系,2013年9月27日,"河南省人民政府、交通运输部'共同推进河南省综合交通运输体系建设,加快物流业发展'会谈纪要"在京郑重签字。

国家交通运输部将支持河南省推进高速公路、国省干线公路、农村公路、内河航道、综合客运枢纽和货运枢纽(物流园区)等基础设施建设,加强对区域物流公共信息平台建设、物流标准化体系建设等工作的政策支持力度。

未来几年,在交通运输部的强有力支持下,河南将强力打造郑州航空港经济综合实验区"综合交通运输体系和现代物流业发展示范区"。加快构建以高速公路支撑轴带发展、以快速通道服务城市组团式发展、以国省干线公路保障产业集聚区建设。继续强力推进高速公路、国省干线公路、农村公路建设,加强综合运输枢纽建设。①

二、物流基础设施建设区域协同——符合航空港实验区概念性总体规划

全国首个航空港经济综合实验区的批复,不仅打破了郑州原有城市格局,更确立了它在未来蓄势发展的坐标原点,按照《郑州航空港经济综合实验区概念性总体规划(2013~2040)》的蓝图指引,415平方千米的实验区将建成面向全球的国际航空物流中心,实验区将与中心城区共同构成郑州都市区双核驱动的新型城市形态,形成并以实验区为重要发展引擎,双核驱动、一体两翼,联动洛阳与开封,助推郑州都市区的发展。

实验区总体布局为"一核三区":空港核心区、北部城市综合服务区、东部临港型商展交易区、南部高端制造业集聚区。空港核心区的发展定位是国际航空货运枢纽、国内航空综合枢纽,规划面积为54.08平方千米,功能构成主要有航

---

① 河南:建设大交通发展大物流体系 [N].河南日报,2013-10-29.

空运输、航空物流、航空制造、航空保障、临港服务、对外贸易；北部城市综合服务区规划面积 98.5 平方千米，规划居住人口约 140 万人；东部临港型商展交易区规划面积 92.8 平方千米，将在这一区域布置高铁南站、航展中心；南部高端制造业集聚区规划面积 170.5 平方千米，规划居住人口约 120 万人。

郑州航空港 1.5 小时航程内将覆盖中国 2/3 的主要城市和 3/5 的人口，公路网具备 1.5 小时中原城市群交通圈的条件，在具备建成为全国航空枢纽的条件下，要规划建设国际航空货运枢纽、国内航空综合枢纽和区域货运通道，区域货运通道是航空港、铁路港、公路港"三港一体"，多条货运通道可直接通往航空港，空港核心区则具备"航空 + 高铁 + 城际铁路 + 地铁 + 轻轨 + 公路"的综合客运交通组织。[①]

三、物流基础设施建设环境系统——法律、政策、规划、人才要素

物流基础设施建设环境系统包括法律、政策、规划、人才培育等要素，这些环境要素的状况对于城市物流中心系统的构建与完善至关重要，也是城市物流中心系统顺利运作的前提。为保证郑州国际航空物流中心发展目标的实现，必须加强组织领导和规划指导，完善投融资政策，深化体制机制改革，加强法规体系建设，强化人才队伍、精神文明和廉政建设，为《郑州市综合交通规划》、《郑州航空港经济综合实验区概念性总体规划（2013～2040）》的实施提供有力的支撑和保障。

四、物流基础设施建设的支撑系统——郑州国际航空物流中心产业发展

物流基础设施建设的支撑系统由城市整体的发展水平所决定，它取决于城市的产业结构。制造流通业、金融服务业、信息业的总体发展状况，会对城市中心系统的运作方式、运作水平产生重大影响。

按照国务院批复，实验区三大主导产业为航空物流、高端制造业、现代服务

---

① 郑州航空港经济综合实验区的完整版图解析［N］. 河南日报，2014 – 03 – 03.

业。根据围绕实验区空间布局，实验区重点发展航空核心产业、航空关联产业、航空引致产业。

航空核心产业。重点发展航空运输、航空物流、航空总部基地、航空维修、航空制造、飞机制造/总装，公务机 FBO（固定基地运营者）和航空保障等。

航空关联产业。拟规划建设国家电子信息产业园区、国家生物医药产业园区、精密仪器产业园区、智能手机产业园区、新材料产业园区、综合性高新产业园区、快时尚品牌服装园区、区域共建高端制造业园区等九大产业园区。

航空引致产业。依托机场及航空核心产业和关联产业引致的大量客流、货流，发展航空金融、专业会展、电子商务、总部经济、现代农业、服务外包、高端商贸、商业零售、商务服务、文化娱乐、体育休闲、住宿餐饮和宜居社区等。

根据产业圈层理论，实验区将积极打造以"三中心、三板块"为特征的产业布局结构。三中心即北部金融商务综合服务中心、中部航空会展交易中心、南部生产服务中心。三板块即以服务外包、科技研发、快时尚品牌服装等为代表的北部产业板块，以航空物流、航空维修制造、进出口货物集散、E 贸易为代表的中部产业板块，以电子信息、生物医药为代表的南部产业板块。

另外，还规划了十大国际化特色功能区，即自由贸易园区、E 贸易园区、国际航空金融商务集聚区、国际航空会展论坛区、国际企业总部集聚区、中部领事馆区、国际航空教育培训园区、国际康复疗养区、未来科技城和国际社区。①

---

① 《郑州航空港经济综合实验区发展规划》解读之三［J］．河南省人民政府公报，2013（14）．

第六章　国际航空物流网络建设

第一节　国际航空物流网络
——点、线、面有机整体

国际航空物流网络是指由多个收发货的"节点"和它们之间的"连线"所构成的物流抽象网络以及与之相伴随的信息流网络的有机整体。

收发货节点是指进口、出口国内外的各层仓库，如制造厂仓库、中间商仓库、口岸仓库、国内外中转点仓库以及流通加工配送中心和保税区仓库、空港物流园、机场货站。进出口商品就是通过这些仓库的收入和发出，并在中间存放保管，实现国际物流的时间效益，克服生产时间和消费时间上的分离，促进国际贸易系统的顺利运行。

连线是指连接上述国内外众多收发货节点间的运输，如各种海运航线、铁路线、飞机航线以及海、陆、空联合运航线。这些网络连线是库存货物的移动（运输）轨迹的物化形式；每一对节点有许多连线以表示不同的运输路线、不同产品的各种运输服务；各节点表示存货流动暂时停滞，其目的是更有效地移动（收或发）。

信息流网络的连线通常由某些电子媒介（如电话、电传、电报以及目前的EDI电子数据交换、互联网等），其信息网络的节点则是各种物流信息汇集及处理之点，如国际订货单据、出口单证或提单或电脑对最新库存量的记录；物流网与信息网并非独立，它们之间的关系是密切相连的。

第二节　国际航空物流网络节点

——口岸、保税区、自由贸易区

一、口岸——对外往来门户

口岸原来的意思是指由国家指定的对外通商的沿海港口。但现在，口岸已不仅仅是经济贸易往来（通商）的商埠，还包括政治、外交、科技、文化，旅游和移民等方面的往来港口；口岸也已不仅仅指设在沿海的港口。随着陆、空交通运输的发展，对外贸易的货物、进出境人员及其行李物品、邮件包裹等，可以通过铁路和航空直达一国腹地。因此，在开展国际联运、国际航空邮包邮件交换业务以及其他有外贸、边贸的地方，国家也设置了口岸。简单地说，口岸是由国家指定对外往来的门户，是国际货物运输的枢纽。从某种程度上说，它是一种特殊的国际物流节点。

（一）航空口岸

按照出入境的国境的交通方式划分，可将口岸分为港口口岸、陆地口岸和航空口岸。

航空口岸是国家在开辟有国际航线的机场上开设的供货物和人员进出国境及航空器起降的通道。

按照批准可将口岸分为一类口岸和二类口岸。

一类口岸是指国务院批准开放的口岸（包括中央管理的口岸和由省、自治区、直辖市管理的部分口岸）。

二类口岸是指由省级人民政府批准开放并管理的口岸。

（二）口岸的功能

口岸是一个国家主权的象征。口岸权包括口岸开放权、口岸关闭权、口岸管理权。其中，口岸管理权包括通行许可权、口岸行政权、关税自主权、检查权、检验检疫权等。

口岸是一国对外开放的门户。对外开放表现在政治、经济、军事、文化、资源保护、制止国际犯罪、维护世界和平等领域的广泛合作和交流，这种国际间的交流和合作通过口岸得以实现。

口岸是国际货物的枢纽。口岸是国际来往的门户，是对外贸易货物、进出境人员、行李物品、邮件包裹进出的地点。

二、保税区——海关特殊监管经济区

保税区（Bonded Area；the Low－tax；Tariff－free Zone；Tax－protected Zone）亦称保税仓库区。这是一国海关设置的或经海关批准注册、受海关监督和管理的可以较长时间存储商品的区域，是经国务院批准设立的、海关实施特殊监管的经济区域。

保税区的功能定位为"保税仓储、出口加工、转口贸易"三大功能。保税区具有进出口加工、国际贸易、保税仓储商品展示等功能，享有"免证、免税、保税"政策，实行"境内关外"运作方式，是中国对外开放程度最高、运作机制最便捷、政策最优惠的经济区域之一。

（一）郑州新郑综合保税区

2010 年 10 月 24 日，国务院正式批准设立郑州新郑综合保税区。郑州新郑综合保税区位于郑州新郑国际机场北侧的航空港区内，北邻国家郑州经济技术开发区、东邻郑州国际物流产业园区、南侧紧邻郑州新郑国际机场二期扩建区域。综合保税区和保税港区一样，是我国目前开放层次最高、优惠政策最多、功能最齐全、手续最简化的海关特殊监管区域。

1. 功能分区

综合保税区具有"境内关外"的特殊地位，是我国目前开放层次最高、优惠政策最多、功能最齐全、手续最简化的特殊开放区域，具有保税加工、保税物流、口岸作业、综合服务四大主要功能，可开展仓储物流，对外贸易，国际采购、分销和配送，国际中转，检测和售后服务维修，商品展示，研发、加工、制造，口岸作业等业务。

2. 园区服务

（1）全程"一站式"服务。

（2）高效的区区联动、区港联动机制。

（3）综保区与航空、铁路、公路口岸之间，与出口加工区、保税物流中心之间的"一次申报、一次查验、一次放行"。

（4）投资代办服务。

（5）海关服务和海关监管服务。

（6）保税仓储租赁和场站作业服务。

（7）集装箱物流服务。

（8）资源整合服务。

3. 优惠政策

（1）国外货物入区保税。

（2）区内自用基建物资及进口设备免征进口关税和进口环节增值税。

（3）货物出区进入国内销售按货物进口的有关规定办理报关，并按实际状态征税。

（4）国内货物入区视同出口，实行退税。

区内企业之间的货物交易不征增值税和消费税。

现已入区企业主要是富士康科技集团 IDPBG、SHZBG 两个事业群。

郑州新郑综合保税区的设立，标志着河南经济从此拥有了接轨世界的大平台；标志着河南在中部崛起进程中站在了新的制高点上；标志着河南对外开放进入一个新阶段。[①]

（二）河南保税物流中心

河南保税物流中心成立于 2010 年 1 月 7 日，是河南省重要的外向型经济服务平台。中心占地 55 万平方米，总投资 20 亿元，分为封关运行区、特色物流交易区、口岸作业区、综合服务区四个功能分区。中心位于全国铁路公路网最大交

---

① 郑州新郑综合保税区招商引资［N］．凤凰网，2013－04－18．

汇处、全国重要物流节点的郑州经济技术开发区内，是中原经济区重要国际采购、分拨和配送中心。

中心占地 55 万平方米，总投资 20 亿元，分为封关运行区、特色物流交易区、口岸作业区、综合服务区四个功能分区。

三、自由贸易区——关税隔离区

自由贸易区，又称自由区、工商业自由贸易区、出口自由区、自由关税区、免税贸易区、免税区、自由贸易港、自由市、自由工业区、投资促进区及对外贸易区等。

自由贸易区（Free Trade Zone）又称对外贸易区（Foreign Trade Zone）或免税贸易区（Tax–Free Trade Zone），是在关境以外划出的，对进出口商品全部或大部分免征关税，并且允许港内或区内进行商品的自由储存、展览、加工和制造等业务活动，以促进地区经济和对外贸易的发展的一个区域。一般设在一个港口的港区或邻近港口的地区，它实际上是采取自由港政策的关税隔离区。

（一）类型区分

（1）按性质区分。就性质而言自由贸易区可分为商业自由区和工业自由区。前者不允许货物的拆包零售和加工制造；后者允许免税进口原料、元件和辅料，并指定加工作业区加工制造。

（2）按功能区分。就功能而言，世界自由贸易区的功能设定是根据区位条件和进出口贸易的流量而确定的，并且随着国内外经济形势的发展而调整和发展。其主要类型有以下几种：

1. 转口集散型

这一类自由贸易区利用优越的自然地理环境从事货物转口及分拨、货物储存、商业性加工等。最突出的是巴拿马的科隆自由贸易区。

科隆自由贸易区是沟通太平洋和大西洋的最佳通道，也是北美与中南美洲的连接要点。这里所批发转口的纺织品、手表、电器、首饰等大多来自亚洲，而采购客户主要来自中南美，客商只需来到科隆自由贸易区即可采购。因此，科隆自由贸易区货物流转量巨大。

2. 贸工结合、以贸为主型

这类自由贸易区以从事进出口贸易为主，兼搞一些简单的加工和装配制造。在发展中国家最为普遍。例如阿联酋迪拜港自由港区。

迪拜港自由港区由港口和自由贸易区组成，面积 135 平方千米，是目前世界上最大的自由港区，主要功能为港口装卸、仓储物流、贸易及加工制造。区内共有企业 5000 余家，其中贸易物流业占 74%，加工制造业占 22%，相关服务业占 4%。该区为海关监管区域，陆域设立围网，进行封闭管理。主要政策包括：货物在区内存储、贸易、加工制造均不征收关税及其他税收，如进入阿联酋关税区时再征税。海关对区内货物采取随时抽查的方式进行监管。外国货物从海上进出该区均须向海关和港口进行申报。

3. 出口加工型

这类自由贸易区主要以从事加工为主，以转口贸易、国际贸易、仓储运输服务为辅。例如尼日利亚自由贸易区。

1991 年，尼日利亚在卡拉巴尔市建立了第一个出口加工区，后改为自由贸易区。卡拉巴尔是一个大港口，空中交通发达。它靠近尼富饶的产油区及东部棕榈种植园。目前，已有 25 家外国企业得到批准在该区建厂，有 5 家已经动工，包括中国投资的一家木材加工厂。外国企业在该区内投资可以享受从审批程序、各种税收、原材料供应、土地使用、资金汇兑、劳动力供应、能源供应等方面的优惠政策。尼日利亚还拟在北部卡诺建立第二个自由贸易区，卡诺是尼日利亚第二大商业城市，北部最大的商品集散地。

4. 保税仓储型

这类自由贸易区主要以保税为主，免除外国货物进出口手续，较长时间处于保税状态，例如荷兰阿姆斯特丹港自由贸易区。

阿姆斯特丹港在港口内设有自由贸易区，类似保税仓库，面积 0.65 平方公里。商品进入该区可免交进口税，储存在仓库的商品可以进行简单包装、样品展示，也可做零件装配，具备减免关税和提供转口的各种优惠条件，是大型商户对欧、亚、非洲各国出口的分销中心。自由贸易区外设有若干海关监管库，进一步延伸自由贸易区的功能和服务。此外，阿姆斯特丹港与机场空港自由贸易区业务联系紧密，推动了海空两港物流的联动发展。

（二）自由贸易区的作用

（1）商品储存，针对市场需要对商品进行分类、分级、改装。

（2）商品展销，等待有利的销售时机。

（3）转口贸易，商品经由自贸区流向国际市场。

（4）豁免关税和减免其他税收，在土地使用、仓库、厂房租金、水电供应、劳动工资等方面采取低收费的优惠政策。

郑州国际航空物流网络是指以新郑国际机场为核心，由多个收发货的"节点"和它们之间的"连线"所构成的物流网络。这些收发货"节点"还有一个重要的组成部分——空港物流园。

第三节 空港物流园
——郑州国际航空物流系统网络节点

依据现代物流的发展趋势，为降低成本，提高效率，单一货运功能的物流节点已逐步发展成为综合性多功能的物流园区，依托航空机场建设综合功能的空港物流园区是资源整合利用和物流产业发展的必然产物，国际上已有不少成功的经验。

郑州航空港经济综合实验区发展规划指出，要推进空港物流园建设，完善分拨转运、仓储配送、交易展示、加工、信息服务、研发设计等功能。空港物流园是在实验区规划建设及打造国际航空物流中心的战略定位带来的强大发展机遇下，以航空港为依托，以现代物流为基础，为航空公司、航空货运代理以及其他综合物流企业提供物流信息和物流基础设施的场所。它是郑州现代物流体系的重要组成部分，连通着郑州与国内外之间的产业链，体现了郑州的经济与物流发展水平以及市场的开放程度。此外，空港物流园区也是新郑国际机场发展临空经济的重要组成部分，对提升新郑机场的运营效率、拓展新郑机场的盈利来源具有重要的作用。

一、空港物流园规模——功能与航空港实验区规划的匹配

航空物流是空港经济的核心和主导产业，当前应把空港物流园区规划、建设作为空港经济发展的切入点，首先启动。空港物流园区建设投资大、资金回收期长，涉及城市短期和中长期发展规划、郊区土地使用、交通运输现有结构、周边生态环境影响等诸多因素，必须科学、长远、统筹规划。空港物流园区规划要与机场发展规划、省市经济社会总体发展规划、土地利用总体规划、物流发展规划、交通规划等衔接，并纳入其中。园区规划建设一定要高起点，具有长远性和前瞻性，具备较高的现代化程度，综合功能性强，能满足未来一定时期内的需求，保持较强的竞争优势。

航空物流依托于机场的吸引力和辐射力而发展，是直接服务及依托于航空运输业的产业。空港物流园区的目标定位与机场的规划定位和运营发展息息相关。为提升郑州在全国乃至国际对外开放格局中的战略地位，实现逐步建设国际航空物流中心的战略目标，空港物流园区也要长期规划，分步实施。

空港物流园规划首先要与机场扩建和货运区统一规划、科学布局，无缝对接，充分满足航空货运对速度、质量的要求，最大限度地降低物流成本。从功能的基本属性看，空港物流园区的功能可以分为基本功能和衍生功能。基本功能即以航空货运为核心的货物运输功能体系；衍生功能即以货运为依托而衍生的增值服务功能体系。从货物运输角度，航空物流根据参与者和服务类型等要素可以分为快递和航空货运两种。快递业务提供"一站式"运输服务，将货物在一定时间内由指定收货处送抵货主特指的终点。航空货运的参与主体则比较多，一般有货主、二级物流商（第三方物流商、第四方物流商等）、航空货代、航空公司（一级物流运营商）、机场/货站收货人等，国际货物还有海关参与。

航空物流的衍生功能主要为提高效率，降低成本，结合航空货运功能的物流节点提供货物增值服务，使单一货运功能向综合化多功能发展，这是现代物流的一种发展趋势，如日本、韩国等亚洲邻国的国际机场设立的自由贸易区。增值服务功能一般有围绕航空货物的生产加工，直接或者间接服务于航空运输的服务行业、围绕航空人流开展的商品展示、国际贸易及围绕航空物流的咨询培训商务等。

围绕航空港物流发展的生产加工行业一般为高附加值、产品体积小、重量轻、市场敏感度高、交货期短、对运输要求高的行业。根据空运市场货运量，航空货物占据前 10 位的主要是鲜活产品（如水果鲜花）、精密机械产品（如医疗器械）、电子产品（如计算机）、通信产品（如手机）等。由此可见，空港物流区可发展以电子通信、计算机的元器件、生物制造等为主的产业。空港物流区作为空港经济区的核心区域，其区域内的生产加工主要是以保税仓库的货物为对象的简单加工，诸如包装、贴标签等，而主要生产区一般布局于空港经济区的外围区和扩散区如城市的保税工业区、空港周边的生产加工区等。直接或者间接服务于航空运输的服务行业一般有飞机的维修、航空食品的加工服务等。

二、空港物流园价值——资源集聚与可持续发展

空港物流园区的建设与发展必须依托航空经济的集聚辐射功能，围绕航空运输业运营，进而带动与航空运输相关的产业和现代服务业、制造业的发展。当前我国航空运输业的发展已经初具规模、相对成熟，建立起枢纽、干线、支线等多层航空运输体系，相应地也提供了便捷、规模的客运与货运。作为人流、物流、资金流和信息流的集聚地，航空经济成为诸多航空基地发展的重点。这其中，空港物流园是航空经济的重要组成部分，其不但能整合航空运输的资源、提升效率，同时还能调整并优化航空与物流产业结构，带动相关产业的发展。

依托于大型机场的空港物流园表现出以下特点：

第一，空港物流园有效地拉动机场经济。空港物流园具有高效的运作效率，加速了货物周转的速度与效率。与此同时，空港物流园区调整并优化了航空与物流产业结构，带动相关产业的发展，这不但活跃了机场经济，也创造了更多的税收。空港物流园区已成为大多数机场提升收益水平的重要手段。

第二，空港物流园区具有明显的集聚效应。依托于机场的地理和功能优势，空港物流园能有效吸引众多物流企业的进驻。此外，为了加快发展空港物流园，政府从财政、税收、补贴等方面制定各种优惠政策，积极引入国内外知名物流企业的入驻，园区内产业集聚效应明显。

第三，空港物流园具有突出的保税区功能。保税区是我国开放程度和自由程

度最大的经济区域，是空港物流园区发展的重要依托，这将有效吸引更多的企业入驻，并提高机场在货物流通各个环节的保税功能，进而促进机场向国际自由贸易区转型。

此外，机场是空港物流园发展的基础，机场的大小以及机场的辐射范围决定了空港物流园区规模和发展，机场的客货运量直接影响空港物流园的总量和增长速度，机场的发展规划、定位与临空经济的发展息息相关。机场的设施完备有软、硬环境两个方面，硬件条件包括机场的跑道、候机楼、维修后勤等设施，软件条件包括机场的航线资源和发达的航空运输网络、服务质量、政府的执行能力等，只有这两个方面的条件具备之后，空港物流园的发展才有基础。

便捷的地面交通是机场客流和货流畅通流动的关键性条件，这种能够提供顺畅流通环境的能力是企业选址所考虑的重要因素。直观地讲，地面交通越畅通，机场的辐射能力越强，空港物流园发展越有条件。此外，与机场功能紧密结合的地面商务设施，包括休闲、办公等设施，也是空港产业园区发展的重要条件。

三、空港物流园协同——空地合作与联动协调

空港物流园的建设需要涉及大量的土地资源和诸多的产业，相应的定位、发展模式必须要合理，同时依托当地的经济、航空、物流以及相关产业发展的实际情况。与此同时，还要与区域内、区域间的经济发展、航空定位协调，实现协同发展，错位竞争。

空港物流园发展的特殊性表现在航空运输的安全性、航空运输的管制与区域经济发展的协调；机场建设的投资巨大，回收期长，具有一定的公共性和基础性；机场周边地区的开发利用必须与机场功能相符合，等等。这些因素间的复杂关系是任何一个企业都很难解决的，因此，空港物流园的发展必然需要中央政府、行业主管部门和地方政府的支持与协调。

郑州航空港地处我国内陆腹地，空域条件较好，便于接入主要航路航线，适宜衔接东西南北航线，开展联程联运，有利于辐射京津冀、长三角、珠三角、成渝等主要经济区，具有发展航空运输的独特优势。郑州机场是国内大型航空枢纽，规划建设4条跑道，发展空间大；郑州是全国铁路网、高速公路网的重要枢

纽，陆空对接、多式联运、内捷外畅的现代交通运输体系日益完善，综合交通枢纽地位持续提升。郑州机场货邮吞吐量增速居全国重要机场前列，智能手机生产基地初步形成，一批电子信息、生物制药、航空运输等企业加快集聚，呈现出航空枢纽建设和航空关联产业互动发展的良好局面。综合保税区、保税物流中心、出口加工区、铁路集装箱中心站等集中布局，航空、铁路、公路口岸功能不断完善，各类园区与航空港联动机制初步建立，开放型经济发展势头强劲。

空港物流园作为物流园区，要求区域有便捷的交通联系，以便组织多式联运和实现货物运输。从与航空货运的联运方式看一般可以分为空铁联运、海空联运和陆空联运。从货物运输量看，陆空联运是主要方式，机场与高等级公路及高速公路结合的物流系统是航空物流的黄金组合方式，因此，空港物流园区一般依托城市区域快速道路和高速公路布局，如首都国际机场空港物流依托周边六环路、机场高速、京密快速城市、轻轨等构成四通发达的立体交通网络。浦东空港物流园区则依托机场高速公路和 A30 高速公路，同时与城市主干道通过单跨立交连接，可以与城市和区域建立便捷的交通联系。

此外，要做好空地合作，联动协调。

一是以合作共赢为纽带，深化空地友好协作关系。正确处理场、航、政府之间的关系，合理分配利益，形成合力促进地区经济社会和企业共同发展。政府应在规划、用地、税收、资金投入、补贴等方面支持机场和航空公司发展。可邀请机场集团、基地航空公司共同参与航空经济的规划、建设、发展，形成政企之间密切合作、共同发展的空地协作关系。

二是联动协调，共建大通关平台。整合机场、航空公司及其他物流企业信息资源，按照统一的数据交换标准，构建航空枢纽物流信息平台。推进物流信息平台与海关、出入境检验检疫、金融等部门信息系统互联互通，保证物流、信息流、资金流高效畅通，使物流信息平台成为国际货运枢纽的"神经中枢"。建立机场、航空公司、海关、检验检疫、财税、外管、国土、规划、商务等单位联动工作机制，建立信息共享、一单多报、协同查验、电子申报、网上核销的"并联式"通关模式，建成大通关系统，提高进出口货物通关效率，缩短货物周转时间，降低物流成本。

三是构建一体化交通网络，实现多式联运。打造以航空为核心的大交通格局是发展航空物流的基础条件。航空物流辐射带动力的强弱很大程度上取决于空港与周边地区的交通连接条件。应逐步完善空港至公路物流港、铁路物流港及省市大型综合物流园区等重要物流结点间的公路、铁路物流通道；进一步加强物流资源的整合，充分利用公路、铁路在航空货物集散、"门到门"配送等方面的优势，积极发展公、铁、航多式联运，实现航空物流与其他物流方式之间有机链接，构建公、铁、航立体物流体系，为客户提供快速、安全、高效的综合物流服务。

第四节　国际航空物流连线
——航线

国际飞机飞行的路线称为空中交通线，简称航线。飞机的航线不仅确定了飞机飞行具体方向、起讫点和经停点，而且根据空中交通管制的需要，规定了航线的宽度和飞行高度，以维护空中交通秩序，保证飞行安全。

国际航空物流航线也是分类的，按照飞机飞行的起讫点，航线可分为国际航线、国内航线和地区航线三大类。国际航线是指飞行路线连接两个或两个以上国家的航线；国内航线是指在一个国家内部的航线，它又可分为干线、支线和地方航线三大类；地区航线是指在一国之内，连接普通地区和特殊地区的航线，如中国内地与港、澳、台地区之间的航线。另外，航线还可分为固定航线和临时航线，临时航线通常不得与航路、固定航线交叉或是通过飞行频繁的机场上空。

第五节　国际航空物流信息流网络
——电子口岸、航空货运信息系统

一、中国电子口岸——公众数据中心

中国电子口岸是一个公众数据中心和数据交换平台，依托国家电信公网，实

现工商、税务、海关、外汇、外贸、质检、银行等部门以及进出口企业、加工贸易企业、外贸中介服务企业、外贸货主单位的联网，将进出口管理流信息、资金流信息、货物流信息集中存放在一个集中式的数据库中，随时提供国家各行政管理部门进行跨部门、跨行业、跨地区的数据交换和联网核查，并向企业提供应用互联网办理报关、结付汇核销、出口退税、网上支付等实时在线服务。

郑州分中心是中国电子口岸数据中心的分支机构，主要负责河南地区的中国电子口岸建设和地方电子口岸建设业务。

二、航空物流信息系统——航空物流信息化

2010 年 2 月，我国民航局在《建设民航强国的战略构想》文件中将"着力发展货运航空"确定为民航强国战略的重点，明确提出"建立物流标准，促进物流信息化建设"的发展口号。在此推动下，我国相继建设了一批空港物流园区，伴随着这些园区越来越多的外来企业入驻，航空物流尤其跨国航空物流需求必然增多。

而空运货物至世界各地是一个很复杂的过程，其最基本的流程是：托运人→货运代理→出境海关→机场地面服务→航空承运人→机场地面服务→入境海关→目的地货运代理→收件人。可想而知，如此烦琐的航空货运链必然伴随海量的信息流和纸质运输文件。任何环节一个细微的差错，都可能导致货物延迟到达目的地，使整个运输链的成本急剧增加。而努力缩短货物在途时间，是物流运作的本质，也是航空物流赢得竞争力的根本，尤其当物流对象是生鲜易腐货物时。

在这个环节众多的流程中，要使各节点有效衔接，缩短节点间的交接时间，提高节点间的通过率，一个最基本的要求是实现物流信息的共享，没有信息化的物流运作无法达到提高效率的目的。正是致力于航空物流的信息化建设，提高航空货运链各个环节的效率，电子货运才在这种需求下应运而生。

航空物流的信息化包含两层内容：一是构建航空物流信息系统；二是构建航空物流商务信息平台。

航空物流信息系统旨在实现电子货物跟踪和物流作业的透明化和公开化，使物流、资金流和信息流在物流业务链的相关节点之间实现信息共享和无缝对接。

同时，利用航空物流信息系统，对货源增减趋势、航班安排、收益状况、市场占有率等进行分析，以便制定及时、有效的物流运作策略。物流商务信息平台旨在实现物流交易的电子化，参与方包括物流基本流程各相关部门，甚至银行、保险等涉及航空物流业务链的各类对象。这两方面需要有机结合，才能充分体现航空物流信息化的作用。

经过这些年的不懈努力，大多航空承运人、机场航站和货运代理基本上都或多或少拥有自己的货运信息处理系统。例如，南方航空公司自行研发的"唐翼"系统。但总体上，航空货运的信息化还存在一些不足，要么偏重于物流信息系统的建设，要么缺乏商务信息平台的功能。尽管继 2009 年国内民航首张电子货单诞生在广州白云国际机场，2010 年天津滨海国际机场成为国内首家具备电子货运能力的机场，而综观国内航空业层面，仍然乏一个统一的信息交互平台。①

三、航空物流公共信息平台——综合物流服务平台

随着经济全球化、信息科技和电子商务的发展，航空客户对更方便的网上订舱、货物查询、网上清关、货库管理、客户快速响应、个性化服务管理和财务网上结算等航空物流服务要求不断提高，要求建立统一的功能齐全的信息交流平台，以便能对货物进行全程监控。市场需求的不确定性和双方信息的不对称性影响着航空物流供应链企业间的协调合作，也需要借助信息平台，使供应链成员之间充分地进行信息共享。国际航空物流迅猛发展以及国际航空快递公司获得成功的重要原因之一是拥有一个快捷、统一的公共信息平台。

航空物流信息平台是一个连接各类航空物流资源的综合化资源服务平台，它将航空运输公司货运系统、机场货站系统、代理公司货运系统等相对分散的子系统充分整合，为各供应链成员企业提供全面的物流服务。航空物流信息平台的建立能够使供应链信息透明化，有助于航空物流企业实现广阔的航线网络和地面网络覆盖，形成密集的航班频率和充足的舱位配备，机场获得平稳传递和快速准确的吞吐量，货运分拣中心高速运作，从而满足对客户的快速响应和对大货主的个

---

① 王永康. 论航空物流信息化与电子货运［J］. 决策与信息，2012（6）.

性化服务。香港机场的高识电脑系统是负责货物处理程序的先进系统，功能丰富，可以进行货物追踪、清关、发出中性空运提单、联结到贸易通、货物抵达自动发出通知、获取货物信息等操作。

香港国际机场的物流园区运用 AIDE（Agent Identification）系统，确保货物的快速、准确地交付和提取，以防货物被冒领及发生其他差错。所有货代公司的资料和员工识别编号都采录进系统作为基础数据，代理人员提货时进行身份查验。① 因此，只有在建立统一的信息平台基础上，各航空物流企业才可能整合为一个整体，设计统一的物流服务产品和服务标准、宣传渠道与销售渠道，从而增强航空物流服务的竞争优势与竞争能力。

航空物流涉及地域广大，需要面向国内外众多不同的航空企业、机场、代理、客户、银行、海关等相关部门。信息化和信息运用标准化是衡量航空物流发展水平及市场竞争能力的重要标志之一。国外一些著名的航空快递公司依靠信息技术服务方面的优势，已经在中国市场取得了十分优异的成绩。目前，我国的航空货运公司除少数系统能够提供部分互连外，大部分系统都没有开放的互连功能，极大制约了企业运营效率的提高。在我国航空物流相对发达的长三角地区，航空物流信息化程度较为落后，缺少综合信息化平台，大大削弱了各城市航空物流的辐射与集聚作用。一些机场、航空运输公司建立的物流信息平台基本上还限于一定区域、行业部门或企业范围内的，实现的仅仅是局部范围内的物流整合。

---

① 牛鱼龙．香港物流经典案例［M］．重庆：重庆大学出版社，2006.

第七章　航空物流产业发展

第一节　航空物流企业自身的壮大
——航空物流产业发展竞争力

一、航空运输企业——竞争力有待提高

（一）国内主要航空货运企业

国内航空公司介入货运专业服务，最早可追溯到 20 世纪 90 年代中期。经过近 20 年的发展，这些航空公司已具备了大量的航空货运资源，尤其是三大航空集团。三大航空集团在航空货运市场占据完全的垄断地位，国内航空货运市场是一个高集中寡占型的市场结构。

截至 2012 年 12 月底，中航集团旗下拥有中国国际货运航空公司，以及国际航空、深圳航空、山东航空、大连航空、昆明航空等众多子公司，共拥有全货机 11 架，客机 476 架；拥有北京、深圳、成都、重庆、杭州、济南、青岛等运营基地至少 6 个以上的货站；拥有民航快递，具有销售代理、地面运输与仓储代理等业务资源。

南方航空集团拥有包括南方航空、厦门航空、重庆航空、汕头航空等子公司客机 483 架，以 B777F 为主要机型的全货机 8 架；拥有广州、汕头、大连、乌鲁木齐、沈阳、哈尔滨、武汉、郑州、长沙等十几个运营基地至少 18 个以上的货

站；旗下的广州白云物流，集海关监管功能、仓储功能、物流地产功能于一体；拥有一个具有销售资质的客货公司。

东方航空集团的总体机队规模最小，包括东方航空股份、上海航空、联合航空、云南航空等子公司在内的客机 396 架，以及涵盖了 B777F、MD11F 等大、中型全货机 19 架；拥有包括上海、南京、武汉、昆明、西安等运营基地至少 7 个以上的货站；旗下东方远航物流是一个集货站、仓储与地面运输服务于一体的物流公司，在我国航空货运主市场的长三角地区拥有丰富的地面运输网络。

海航集团，其旗下也不缺乏优越的货运资源，如扬子江快运、天天快递等。

河南航投控股 35% 的卢森堡货运航空公司是欧洲最大的货运班机公司之一。设在芬达尔的机场拥有 11 架大型喷气式波音 747-100 型大型货运机，这些飞机飞行于世界各地。卢森堡货运公司是该地区拥有员工最多的公司，在 46 个国家和地区设有办事处。卢森堡货运航空公司的客户包括欧洲许多有名的物流公司。比如瑞士的奎恩·纳吉尔公司、德国的丹泽斯公司等。卢森堡货运公司和这些公司都签订有长期协议，为其运送各种货物。[1]

2014 年 1 月 14 日，河南民航发展投资有限公司与卢森堡货运航空公司签约，收购了卢货航 35% 的股权，欧洲最大的全货运航空公司正式落户郑州，成为入驻郑州机场的首个国际货运航空基地公司。郑州机场将开辟郑州—卢森堡货运直飞航线。初期由卢货航投放一周四班的运力，后期会根据市场开发程度和郑州枢纽的建设速度，逐步增加运力投放规模，加密航班。

（二）航空快递

2006 年商务部的快递调查报告中认为：快递（速递）是指文件、包裹和物品的快速递送服务。本质上是高速的物质流（含部分信息流），属于服务业，即第三产业。[2]

根据快件内性质划分为信函类、商业文件类和包裹类。

根据寄递的距离是否跨越国境划分为国际快递和国内快递。

过去由于各种因素的存在，中国民航的航空快递公司没有自己的专营飞机或

---

①　刘北辰 . 卢森堡物流业管窥 ［J］. 湖南包装，2013（1）.
②　商务部研究院课题组 . 中国快递市场发展研究报告 ［J］. 经济研究参考，2006（34）.

航位，基本上依赖航空公司的网络系统来完成快递运输，自主性差，独立性差，完成的只是航空运输业的简单的地面延伸服务，快件公司基本上变成了航空公司的"货运代理"，此外还有众多的大小快递代理公司。

2009 年 2 月 9 日经民航局批准筹建，注册资金为 1 亿元，由深圳市泰海投资有限公司和顺丰速运（集团）有限公司共同出资，成立的航空快递航空公司改变了原有的市场格局。当前，顺丰航空有限公司自购波音 757 - 200 全货机 2 架、波音 737 - 300 全货机 3 架运行，另租用东海和扬子江快运共 13 架全货运飞机和 530 多个客机航班的机腹舱。

由于"大物流"业的竞争较航空货运业更加激烈，机制更加灵活的民营企业已经占据了市场优势地位。据统计，目前国内快件运输 80% 是由汽车运输，15% 是由航空运输。[①]

2011 年 6 月 27 日，一架波音 737 飞机从郑州新郑国际机场顺利起飞，这是顺丰速运集团开通的郑州—武汉—深圳货运首航航班，标志着又一家大型货运航空公司"落户"郑州。该货运首航航班，是顺丰速运集团致力于中原，大力发展中原航空货运的第一个定期航班。

（三）航空邮政

航空邮政是我国邮政运输的发展方向，航空邮件路单包括总路单、分路单、国际航空邮件总包分路单 3 种。

航空邮件运输的方式包括直运和联运，采用联运方式经过两个或两个以上的航班运送的邮件为联程邮件。

当 DHL、UPS、FedEx、TNT 这些跨国巨头纷纷将亚太转运中心或专用转运中心落户中国时，中国邮政人感觉到挑战和机遇同时摆在了面前，形势极为严峻，随着南京集散中心 2012 年的投产运营，中国邮政航空公司的"全夜航"飞机起飞运行。

当前，中国邮政航空公司自有 B737 飞机 20 架，其中 B737 - 300 全货机 12 架，B737 - 400 全货机 8 架，租用 B757 全货机 2 架。采用"全夜航"集散模式，

---

① 吴颂华. 电商时代航空货运的变革与发展［J］. 中国民用航空，2013（7）.

以南京为集散中心，上海、武汉为辅助中心，形成覆盖华北、华东、东北、华中、华南、西南、西北7个地区以及中国台北、韩国首尔、日本大阪的集散式航线网络，在国内304个城市间打造了EMS邮件"限时递"以及"次日递"和"次晨达"等业务品牌，为中国邮政航空快速网提供了优质可靠的航空运力支撑。

2011年6月10日，中国邮政航空正式开通了西安—郑州—南京货运航线，使郑州纳入EMS"全夜航"集散网络，河南本省出口EMS时限缩短半天甚至一天。河南发往全国省会城市和重点地级城市的速递邮件实现"次晨达"和"次日递"。

（四）国际主要航空货运企业

由于中国航空货运起步晚，网络尚不健全，加之2005年后外航的疯狂涌入，中国的国际航空货运市场已经被外航瓜分得只剩不到30%的份额，在中国开展货运业务的外航公司有大韩航空、汉莎航空、国泰航空、新加坡航空、法国航空、中国台湾的中华航空、长荣航空开展货运任务。随着产业西进，重庆、四川成都和河南郑州相继成为承接沿海电子制造业的佼佼者。除了本土的国货航外，外航在中西部机场的身影随处可见。

2013年，在郑州机场运营的航空公司共有37家（客运公司22家，货运公司15家），开通航线129条，其中，国内客运航线91条，国际地区客运航线14条，国内全货运航线4条，国际地区全货运航线20条（其中地区4条，国际16条）；全货机航班平均每周61班。客运通航城市79个，货运通航城市25个，包括莫斯科、洛杉矶、法兰克福、芝加哥、安克雷奇、仁川、布拉格、卢森堡、香港、台湾等地。另外，澳大利亚、TNT等航空公司也将在郑州机场开辟国际货运航线，新增悉尼、列日等航点。郑州机场货运航班量、航班架次、通航城市均走在中部地区前列。2013年11月17日，上海诺威传世国际货运公司携手美国ATLAS AIR航空公司在郑州开通首条"全球飞"货运航线。

在郑州新郑国际机场开通国际货运航线的公司有：

中国香港国泰航空有限公司：机型为波音747-400全货机，航班周期为每周二、周六两班，载量110吨。

俄罗斯空桥货运航空公司（ABC）：该公司是俄罗斯一家国际全货机航空运输公司，隶属于Volga-Dnepr（VDA）集团，2009年世界排名第三位，俄罗斯空桥货运航空公司一架波音 747 - 400 全货机落地郑州新郑国际机场，标志着郑州机场第一条全货机美线航班正式开通。航线为郑州—莫斯科—芝加哥。

UPS 联合包裹航空公司：试运营郑州—仁川—安克雷奇货运航线，每周 5 班，现在已经增加到每周 10 班，是目前郑州唯——家自有航班运营快递业务的国际承运商。执飞机型为波音 767 - 300 型全货机，最大载量 59 吨，每周一、周二、周三、周四、周五执行。

中国香港航空有限公司：执飞香港—郑州—天津—香港的定期往返航班，每周二、周三、周四、周五、周六共 5 班，机型空中客车 A330 - 200F 全货机，最大业载 65 吨。

阿塞拜疆货运航空：阿塞拜疆货运航空波音 747 执飞，每周周一执飞一班，最大货载量 110 吨。该货机从郑州抵达阿塞拜疆首都巴库，短暂停留之后，抵达距离德国法兰克福较近的哈恩机场。

中国台湾中华航空：航线采用波音 747 - 400F 全货机飞航，是在中国台北至南京货运航线的基础上，以串飞方式新增郑州货运航点。

美国 ATLAS AIR 航空公司：美国 ATLAS AIR 航空公司执飞环球航班任务的机型为波音 B747 - 8F，为波音 B747 第四代机型，其最大起飞重量为 450 吨，是迄今为止世界上最为先进、载量最大、续航能力最强的商用全货机之一。[①]

（五）航空货运企业经营特性

由于货物无生命的特征，它不关心飞机调整、航线中转、飞机机舱的美观，只需要能够安全地以优惠的价格到目的地，所以航空货运比客运更加灵活。航空货运业本身的经营有诸多特性：[②]

（1）全货机运营和客机腹舱货运业务两者有着完全不同的成本结构。客机腹舱的成本比全货机低，只需负担所增加的运营成本，全货运飞机则承担所有的飞行成本。

（2）货量方向上的不平衡性。由于各国之间进出口的不平衡，导致在不同的货运航线上，进出口货量存在差异。

---

① 卞士生. 郑州新郑国际机场开通货运航线大盘点［EB/OL］. 民航资源网，2014 - 05 - 06.
② 李云溪. 航空货运业的特性［J］. 空中商务，2013（10）.

（3）季节性差异明显，特别是圣诞节与春节期间。

（4）对外部冲击敏感，呈现高度周期性。航空货运不但对外部经济贸易和商业活动极其敏感，而且对燃油价格也十分敏感。

二、货运代理——货代独大

（一）国际航空货运代理的当事人

国际航空货运代理涉及的当事人主要有发货人、收货人、航空公司和航空货运公司。

航空货运公司可以是货主代理，也可以是航空公司的代理，也可身兼二职。

（二）航空货运代理（空代）存在的必然性

从航空公司的角度来看，空代的存在，使航空公司能更好致力于自身主业，无须负责处理航运前和航运后繁杂的服务项目。

从货主的角度来看，可使货主不必花费大量的精力去熟悉繁复的空运操作流程。

空代在办理航空托运方面具有无可比拟的优势。

（三）国际航空货运代理当事人的责任划分①

国际航空货运代理当事人的责任划分如图7-1所示。

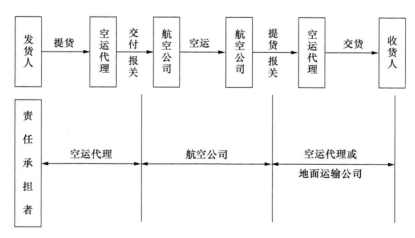

图7-1　空运当事人的责任划分

---

① 王震谷，陈学斌. 浅谈国际航空货运代理的独立经营人责任限制的适用条件［EB/OL］. 中国法院网，2005-01-17.

（四）航空货运代理的类型

航空货运代理按权限大小分为一级代理和非一级代理两大类。

航空货运一级代理是指直接从航空公司领运单，直接报关、交接的代理公司。它们是航空公司的主要分销商。

航空货运非一级代理是指自己没有直接的地面交接权、报关权等权利的代理公司，这些公司的优势一般在于直接客户或海外代理。

（五）现行分销渠道的特点

航空公司在开发直销和分销渠道时，过分偏重代理人分销渠道；分销渠道结构单一，无法有效覆盖市场；代理人企业规模较小，销售网络覆盖面不全；直销渠道开发缓慢，航空企业的渠道权力减弱；存在恶性压价竞争现象；电子分销渠道刚刚起步，技术设备有待开发、完善。航空运输全球化，使航空货运的经济、技术、竞争、文化等外部营销环境已经发生了较大变化，这对传统的分销渠道结构、形式产生了很大的影响。传统的分销渠道模式在效率、成本、可控性等方面的劣势日益突出，而且，我国航空货运企业在产品、价格甚至广告方面同质化趋势加剧，在这样的环境下求生存图发展，迫切需要对企业的营销渠道及时随营销环境的变化做出调整和改进，以适应激烈市场竞争的需要。[1]

（六）航空货运代理的业务范围

航空货运代理除了提供订舱、租机、制单、代理包装、代刷标记、报关报验、业务咨询等传统代理业务之外，还提供集中托运业务、地面运输、多式联运服务。

郑州机场的主要货运代理公司是中外运空运发展股份有限公司河南分公司、海程邦达国际物流有限公司郑州分公司等。

外运发展主营国际航空货运代理业务以及国内货运物流业务，同时持有最大的国际航空快递运营商中外运敦豪50%的股权。外运发展及其母公司（中国外运）拥有广泛的国际国内物流网络资源，集海、陆、空货运、仓储码头服务、快递、船务代理及货运代理业务为一体，在重要的节点城市拥有营业网点，并在重

---

① 周道义．我国航空货运分销渠道分析与研究［J］．空运商务，2009（5）．

要口岸拥有保税仓库。在国外拥有仓储资源，同时作为中国最大的国际航空货运代理商，掌握众多的航空货运资源，并直接通过子公司中外运敦豪成为中国最大的国际航空快递运营商。

海程邦达国际物流有限公司成立于 1993 年，是 FIATA 和 IATA 国际运输协会会员，于 1999 年通过 ISO 9001 质量体系认证，与全球 200 余家代理公司保持着长期友好的合作关系。如今海程邦达已经发展成为年营业额近 30 亿元、拥有各类人才 3000 余人、网络遍及全国 70 余个港口和内陆城市的综合物流服务服务商。

三、机场货站——影响货运作业效率

机场货站是航空物流的重要集散地，是国家海关监控货物进出口的重要站点，是承运人与托运人、收货人进行货物交接、运费结算等的场所。

机场货站经营的主要目标是为航空公司、货代公司和货主提供优质、可靠的服务，提供先进的物流解决方案和出众的服务质量，并因此获得收益。

机场货运站的货物主要以航空集装板、集装箱（ULD）为载体而进行运输，在没有拼装成为集装箱或集装板前的货物统称为散货，通常放入散货箱。用集装箱、散货箱存储货物主要是便于货物的出入库、搬运等。ULD、散货箱的尺寸均具有相应的标准。

（一）航空港货运站的功能

在航空货运中，航空港货运站的作业功能如下：

（1）存储：到港货物有时并不是马上被收货人提取，出港货物也不是一到机场即可送上飞机。因为机场空侧、陆侧的货流是不平衡的。

（2）货物处理：货运站所收出港货物常有许多小件，并发往不同的目的地。因此，货运站必须按目的地对货物进行分拣，然后再根据货物类型将其转换成有利于运输的大件（如集装器）。

（3）装卸运输：出港货物从货运站装上飞机，进港货物从飞机转到货运站，需要货运站动用一定的设备、人力进行装卸和运输。

（4）办理货运手续和货运文件：为国际、国内进出港空运货物提供商务文

件处理、收运、交接、计重、仓储、装拆、配载、出货、中转、地面运输、信息处理等地面物流服务。

（5）机场货运站按照系统功能可划分为出港预装货物交接区、集装货物储存区（简称集装区）、出港货物组装区、集装货物查验区、进港货物分解区、进港整板货物交接区、散货储存区（简称散货区）、冷库系统区和其他区。

（二）国际货进港货邮作业及业务流程

国际货进港货邮作业及业务流程的环节主要包含两大部分：航空公司进港货物的操作程序和航空货物进口运输代理业务程序。

航空公司进港货物的操作程序是指从飞机到达目的地机场，承运人把货物卸下飞机直到交给代理人整个操作流程。

该流程包括：

（1）代理预报。

（2）交接单、货。

（3）理货与仓储。

（4）理单与到货通知。

（5）制单、报关。

（6）收费、发货。

（7）送货与转运。

（三）国际货出港货邮作业及业务流程

国际货出港货邮作业及业务流程是指从托运人委托运输货物到航空承运人将货物装上飞机的货物流、信息流的运输组织与控制管理的全过程。

一般地，托运人采用委托航空运输代理人运输或直接委托航空公司运输两种方式。因此，国际货物运输的出口业务流程包括航空货物出口运输代理业务程序和航空公司出港货物的业务操作程序两个环节。

1. 航空货物出口运输代理业务程序

航空货物出口运输代理业务程序由以下若干环节构成：接受托运人委托运输；审核单证；接收货物；填制货运单；拴挂标签；预配、预订舱位；出口报关；出仓单提箱、装板；签单、交接发运；航班跟踪信息服务；费用结算。

航空公司根据实际情况安排航班和舱位。航空公司舱位销售的原则：保证有固定舱位配额的货物；保证邮件、快件舱位；优先预订运价较高的货物舱位；保留一定的零散货物舱位；未订舱的货物按交运时间的先后顺序安排舱位。

订舱后，航空公司签发舱位确认书（舱单），同时给予装货集装器领取凭证，以表示舱位订妥。

2. 航空公司出港货物的操作程序

航空公司出港货物的操作程序是指自代理人将货物交给航空公司，直到货物装上飞机的整个业务操作流程。航空公司出港货物的操作程序分为以下主要环节：

（1）预审 CBA（Cargo Booking Advance），CBA 即国际货物订舱单。

（2）整理货物单据，主要包括已入库的大宗货物、现场收运的货物、中转的散货三个方面的单据。

（3）货物过磅、入库。

（4）货物出港，对于货物出港环节，重点处理好制作舱单及转运舱单的业务。

1）货运舱单（Cargo Manifest）：货运舱单是每一架飞机所装载货物、邮件的运输凭证清单；是每一航班总申报单的附件；是向出境国、入境国海关申报飞机所载货邮情况的证明文件，也是承运人之间结算航空运费的重要凭证之一。

2）货物转港舱单（Cargo Transfer Manifest，CTM）：货物转港舱单由交运承运人填写，是货物交运承运人和货物接运承运人之间交接货物的重要运输凭证，也是承运人之间结算航空运费的重要凭证之一。

超级一号货站是中国香港国际机场的货运站，为全球第二繁忙的机场货运站，超级一号货站由中国香港空运货站有限公司管理。货运站与赤鱲角机场同步落成，建筑成本为 10 亿美元，每年可处理货物为 260 万公吨，约占中国香港空运量的 85%。

四、地面运输仓储企业——货运通道运输仓储合理组合

地面运输仓储企业是指在航空港内外提供航空运输地面及相关延伸服务的企业。

通常提供包括航空货物专业装卸、搬运、分拣、计量、包装、理货、仓储；航空货物运输信息咨询；海关监管库运营业务等。有的还同时提供全方位的国际、国内航空货物代理运输服务，及全方位的各类特种货物24小时预约服务。

随着航空物流服务供应链的上下游延伸，多式联运的更多使用，在航空货运供应链上的地面运输和仓储企业也成为航空物流企业的主要成员。

五、航空物流企业发展壮大——物流服务链上资源整合

沿航空物流服务链横、纵两向分析图（见图7-2），航空物流企业的发展模式选择如下：

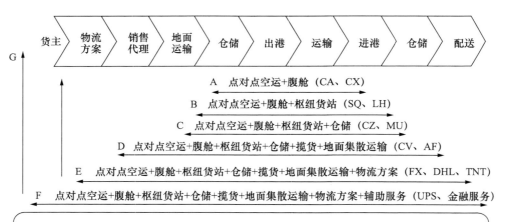

图7-2 航空物流企业的发展模式选择

（1）模式A：点对点空运+腹舱模式。这种模式服务链条最短，服务管理复杂程度相对较低，成本控制能力也相对较低。目前国内航空公司的货运服务，基本都是采取这种模式。

（2）模式B：点对点空运+腹舱+枢纽货站模式。这种模式强化了航线网络与枢纽货站的作用，强调货站的集散功能、区域市场的"垄断"能力、服务的

议价能力，如大韩航空与新加坡航空的货运服务。

（3）模式 C：基于模式 B 基础，提供在枢纽机场的仓储服务。为航空公司创新服务产品，增强市场控制能力提供了新的机会。

（4）模式 D：是在模式 C 基础上整合了地面运输服务（类似门对门服务，客户并非原始的货主）。如卢森堡货运与法航货运等。

（5）模式 E：基本完成了全链条的服务，并增加了纵向功能的整合，提供物流管理和技术方案的服务。强调通过信息技术对整个航空物流服务链的管理和优化，"纵向"上控资源、中联物流、下建网络，建立产业链体系，物流盈利能力与成本控制能力最强。如 DHL、TNT。

（6）模式 F：在模式 E 的基础上增加了纵向功能物流、信息流、资金流的集成的内容，提供了物流服务中的物流金融服务。如 UPS。

（7）模式 G：强调通过网络平台和供应商整合，提升物流服务集成商的价值，如通过"横向"整合与贸易相关联的物流、经营、信息等。如东航物流的"快递＋电商＋贸易"的转型、航投物流的"贸易物流一体化"。

各航空物流公司需要分析货运市场的外部经营环境和企业内部资源能力，结合对现有和潜在业务及其经营模式的分析，借鉴国内其他航空物流服务商发展现代物流的探索，按照服务链的链主的控制力和整合方向不同，有以下几种资源整合方案、发展模式：

（1）以航空公司主为，依托货航公司的多式承运商（重资产＋运营：B、C、D）。

（2）以机场或物流枢纽为主，枢纽中心物流服务商（重资产＋运营：A）。

（3）以系统服务方案为主的合同物流服务商（轻资产＋管理：E）。

（4）以系统处理能力或快递为主，航空物流服务集成商（服务为主：F）。

（5）以平台、金融服务为主，航空物流服务集成商（平台为主：G）。

2012 年，航空货运延续 2011 年的颓势，在市场需求严重不足的形势下，仅仅依靠淘汰老旧机型、降低飞机日利用率等传统成本控制手段，已不能改变航空公司业绩下滑的态势，仅仅依靠机场良好的区位优势、加大基础设施投资，已不能适应全球制造中心转移的潮流，航空物流企业特别是航空货运公司如何在市场竞争中发展壮大，资源整合与商业模式转型将成为航空公司自我救赎发展之道。①

中国东方航空股份有限公司为实现东航货运集团的重组，提出了"天地合一"的货运战略框架，已将东远物流（地面操作）、东航运输（卡车航班，监管车160多辆）、东航快递（拥有独立经营国内快递业务的资质）整合到新中货航大旗下，打通了"全流程"通路，不仅为近60家客户提供了物流解决方案，在物流集成商业务上取得突破，还在快递业务上提出了"快递+电商+贸易"的创新商务商业模式；2013年9月东航推出电子商务网站"东航产地直达"，该电商平台以销售生鲜为主，尤以进口产品居多，原产地直供为主要特色，成为东航也是国内首家涉足冷链电商的航空公司。东航已申请快递牌照，快递公共物流平台的建设也在积极推进中。②

第二节　航空物流企业间的战略合作
——航空物流产业发展借势借力

一、战略联盟——拓展航空网络

当今世界航空运输业的发展趋势是联盟化。大型航空公司或者中型航空运输企业都选择联盟作为持续发展的重要战略。航空联盟的发展从开始时的市场营销联盟到今天的航空公司联盟资产共享，让航空联盟从商业联盟走向了战略联盟。当前世界上规模最大的三大航空客运联盟分别成立于1997年5月的星空联盟（STAR ALLIANCE）、1999年2月的"寰宇一家"（One World）和2000年6月的天合联盟（Sky Team）。截至2012年，共有56家航空公司加入三大联盟。

（一）国际航空货运联盟

在国际航空货运界形成的具有规模的货运联盟分别是"WOW货运联盟"和

---

① 王玫. 航空公司货运资源整合与商业模式转型之思考［J］. 交通企业管理，2013（5）.
② 东航试水电商卖"产地直销"生鲜［N］. 新闻晚报，2013 – 09 – 05.

"天合货运联盟"。

WOW 是由德国汉莎货运航空公司、新加坡货运航空公司和北欧货运航空公司在 2000 年 4 月开始时准备筹办，2001 年 9 月以全球货运联盟（New Global Cargo）的名字对外正式宣布成立。汉莎货运航空公司是全球最大的货运航空公司，新加坡货运航空公司是全球第三大货运航空，二者都拥有强大的网络，北欧货运航空公司在北欧地区的业绩非常突出，联盟打开了亚洲、北欧地区、澳大利亚、北美的市场。三个成员在五大洲 103 个国家 493 个不同地区为客户提供服务。它拥有 31 架全货机和 612 架客机腹仓，这些客机大多是宽体飞机。2002 年 7 月 5 日，日本航空公司加入 WOW。目前的成员包括新加坡货运航空公司、德国汉莎货运航空公司、日本货运航空公司及北欧货运航空公司，除了日本货运航空公司以外，上述航空公司均是星空联盟的会员。

天合货运联盟（Sky Team）是在 2000 年 9 月由天合客运联盟的四家成员旗下的航空货运公司——法国货运航空公司、美国达美航空物流公司、大韩航空货运公司、墨西哥货运航空公司组建成立的，目前有八家成员。2001 年 4 月捷克货运航空公司加入，2001 年 8 月意大利航空货运公司加入，2004 年 9 月荷兰航空公司加入，2005 年 9 月西北航空公司成为天合货运联盟的第八位成员。与 WOW 不同的是以法国航空公司和美国达美航空公司为首的天合货运联盟，旨在吸收天合客运联盟的所有成员提供全球性的营销及产品服务。自 2000 年以来，天合货运联盟已经从连接 100 个国家 41 个地区扩大到现在为 127 个国家 540 个不同的地区服务。[①]

（二）航空公司间航空物流战略联盟的合作形式

航空物流战略联盟的合作形式主要有联合营销、联合运营、联合购买以及投资参股等形式。

联合营销包括代码共享、包租舱位、特许权经营、联合市场营销等。

联合运营包括协调航班计划、联合空中服务、联合维修、共用机场设施等。

联合购买主要是为了节约成本，如联合购买航油、保险、机上设备等。

---

① 于光妍．我国航空公司加入国际航空货运联盟的利弊分析［J］．空运商务，2012（17）．

几种常见的航空物流战略联盟的合作形式。

（1）代码共享是大多数航空公司战略市场开发和跨国联合的一种有效方式。它是指两家航空承运人达成协议，允许将一家航空公司航班号的两个字母标识加到另一个承运人的航班号之前，或者两家承运人也可以同时共用一个航班代码。

（2）包租舱位，又称互租舱位，是一种操作简便的合作方式。

（3）网络租赁是拥有枢纽机场的航空公司对外承担空管服务的一种方式。

（4）特许权经营是大型航空公司对外输出品牌效应的一种方式，大多发生在大型航空公司与中小型航空公司的合作中。

（5）计算机订舱系统，是目前国际航空业中通用的计算机订舱系统。

（6）股权互换是航空物流战略联盟中仅有的一种涉及股权操作的合作方式。

共同采购、联合服务、协商管理、服务维修共享、共同营销等这几种合作方式则是目前三大战略联盟采用较多的合作方式，可以在更大范围内展现并挖掘航空物流战略联盟的丰富内涵。①

货运企业间的结盟可以使货物的运输更加顺畅，客户得到更好的服务。我国航空货运企业可以与国际上的一些知名的航空公司签订货运合作协议，实现跨国运输，形成覆盖全球的航空货运网络，增加自身的国际货物运输量。通过建立国际合作关系，我国航空货运企业可以学习国外先进的货物管理和信息处理经验，为企业更好更快地发展奠定基础。

航空货运企业还可以与国内的物流企业合作，如通过"卡车航班"形式，实现货物空陆的无缝对接，利用双方物流领域的互补优势，成为紧密的业务合作伙伴。可以通过与生产企业、商贸流通企业结成业务合作关系，为其提供长期的物流服务，保证客户物流体系的不断优化和高效运作，同时航空货运企业可以提高收益水平，为企业的长期稳定发展创造有利的条件。

（三）机场群——航空产业竞合发展

随着航空公司商业模式的变革与超级枢纽的不断出现，世界范围内的航空枢纽布局基本形成。在传统运输发达的北美与中西欧地区，航空公司已基本形成自

---

① 黎群．论航空公司战略联盟的经济动因［J］．中国铁道科学，2002（3）．

己的主导市场，航空枢纽的格局已经确定，且不仅仅局限于单一的枢纽机场来实现其航线网络化运营模式。在国际枢纽机场发展的今天，已经出现并形成了超级枢纽集群、机场群，欧美主要国家的机场群布局和综合运行体系发展已经成熟。

如纽约都市区多机场体系，包括肯尼迪国际机场、纽瓦克国际机场、拉瓜迪亚机场，此外还有几座小型机场。肯尼迪国际机场国际旅客较多，年国际旅客占到机场旅客运量的 45% 以上，定位为国际枢纽机场；纽瓦克国际机场国内旅客量达到 70% 以上，定位为国内客货运枢纽机场；而拉瓜迪亚机场商务旅客占50% 以上，定位为支线机场。①

我国也开始了机场群建设的尝试，如广州、深圳、珠海、香港和澳门地区五大机场联席会议机制：香港机场成为国际航空中心，广州白云机场成为我国门户复合型航空枢纽，深圳机场成为大型骨干机场，珠海机场发展航空产业，澳门机场成为多功能中小型国际机场。

二、空、地联运——扩展航线网络

空地联运是通过空运进出境航班与卡车内陆运输相结合，实现航空与地面间不间断的连续运输。它主要适用于始发地、目的地之间无直达航班或者收、发货人有门对门的派送服务需求。它也是指"异地报关，口岸放行"的快速通关模式。

（一）空地联运的形式

"飞机＋卡车"——"卡车航班"，是空地联运的主要表现形式。

"飞机＋火车"也是空地联运的主要表现形式，只是灵活性不如"卡车航班"。

（二）空地联运的特点

（1）完成一站式货运服务。在机场的货物处理、清关、转关、文件处理及货车运输直至目的地海关。

（2）定点班次运输网络。海关监管车固定班次，实现安全、准时将货物送

---

① 葛小飞，李国军，谢远铭等. 国外成熟枢纽机场的运营经验及启示［J］. 空运商务，2012（15）.

到目的地海关。

（3）简化清关程序。"一次申报、一次查验、一次放行"的直通式通关服务使得清关程序简化。

（4）优惠的价格。按重量收取费用。

（5）先进的货品跟踪监控技术。监管卡车上配备 GPS 卫星定位系统，随时了解货物的运送情况。①

以客、货机枢纽和重要航点为中心，国货航在全球各地构建了丰富的地面卡车航线网络，借助卡车航班机动、灵活、频率高的特点，使货物能够快速运抵目的地。截至 2012 年底，国货航在全球共有地面卡车航线 778 条，其中，国内地面卡车航线 114 条。②

2013 年 7 月 25 日，郑州到上海的第一辆卡车航班正式投入运营，上海的进出口空运货物均可通过"卡车航班"实现与郑州机场国际航班的无缝衔接，后继还开通了郑州机场到北京、天津、青岛、大连的定期"卡车航班"。③

三、IT 工程合作——技术创新让航空物流产业质变

没有技术改进，产业扩张只是规模的横向扩大，而量的增加不是真正意义上产业发展，通过与系统服务商合作，加大网络技术、各种高新技术在航空物流领域的应用，将给航空物流产业带来质的飞跃——航空货运信息技术的实时化、大数据化、智能化让"智慧空运"、"云空运"成为可能，还会让航空货运业的格局发生变化。因为航空货运物流不仅是货物流，还是信息流，它涉及众多的中介商，包括买方、卖方、货代、银行、承运商、货站营运商、海关及其他政府机构，这些机构通过互联网或其他信息交换系统更顺畅地进行沟通的同时，也推动着供应链内货运中介商的整合与合作，使航空货运效率得到提高。

目前，航空物流信息技术主要有四大类：

一是物流信息化和标准化技术，包括网络、EDI（电子数据交换）、GPS（全

---

① 谢泗薪，吕静. 空地联运管理的运作剖析与策略创新［J］. 铁路采购与物流，2009（4）.

② 邓玉宽，刘磊，许南方等. 中国民航第一条卡车航线——"小卡车"跑出全球"大网络"［J］. 空运商务，2012（11）.

③ 李雪. 郑州机场"卡车航班"投入运营［N］. 郑州晚报，2013 - 07 - 25.

球卫星定位系统)、GIS(地理信息)、条形码(Barcode)、智能卡等。

二是管理软件,包括 CCS(货运社区系统)、SCM(供应链管理系统)、CRM(客户关系管理系统)等。

三是运输、装卸、搬运技术。

四是仓储技术,包括自动化立体库、货架、托盘、分拣、识别系统等。

国际上的主要货运系统信息服务商包括 STIA、Sbare、汉莎系统、Atrxasi 等都能为客户提供创新性的解决方案。它们可以针对客户的需要,随时修改自己的信息服务技术,尤其是对一些大客户,它们可以设计出个性化的信息技术为之服务。[①]

第三节　航空物流业与其他产业的关联互动
——航空物流产业需求本源

航空物流业是现代物流业的重要组成部分,为其他产业提供支持和保障,是推动经济发展的"加速器"。在经济全球化、一体化条件下,空港已成为国际商贸活动链上的突出环节和现代物流基础平台,对区域经济发挥着重要辐射作用。为此,航空港实验区的定位是:立足河南,货运优先,服务内陆,连通世界,物流带产业。这个定位符合生产决定物流、物流对生产有反作用经济规律,然而,我们还不能忘记,制造业才是国民经济活动的主体产业,是物流需求的重要来源;航空产业是航空经济的主体产业,是航空物流需求的来源,单独依靠航空运输所能创造的价值始终有限,应当加强同其他产业联系,发挥现代物流的优势,形成国际航空物流中心体系,在创造自身价值的基础上,努力从供应链上发掘新的价值空间。世界民航强国的发展也证明了这一点,大型国际枢纽机场在通过聚集经济社会发展中的人流、物流、资金流、技术流、信息流等优势资源,成为国

---

① 文雅. 中国航空物流业发展机制研究 [J]. 改革与战略,2013 (5).

家和区域经济增长的"发动机"时，也通过与多种产业有机结合，形成带动力和辐射力极强的"临空经济区"。

河南是传统农区，高耗能企业多，产业结构不合理，适合航空运输的高端制造业、新兴产业（如电子商务、快递、跨境贸易）占比相对较小，航空关联产业基础薄弱，航空物流流体量小将会成为河南发展航空物流的最大制约因素。要保持货运量增长的稳定性（郑州 2025 年战略目标为 300 万吨，2014 年 3 月 5 日，郑州机场货运量同比增速 121%，位居全国第一），则要增加航空物流需求的来源，根据航空港实验区航空产业业态，实现路径如下：

（1）高临空度产品生产与航空物流耦合。在实现自然增长的情况下，在航空港实验区培育几个类似富士康的项目，让高临空度产品生产与航空物流耦合，实现富士康根植化，高端制造、电子信息产业及生物医药产业的集群化，扩大本地货源。

（2）高外贸存度产品贸易与物流一体化。即依托机场的运作、发挥郑州中转低成本优势、E 贸易优势、空港陆港协同优势，吸引外地货源到郑州集散，实现高外贸依存度产品贸易与物流一体化，让机场成为国际航空物流中心。

当然，通过物流、贸易、金融相互融合，发展航空物流金融，也是助力国际航空物流中心发展的"良方"。

一、电子、生医产业——高临空度产品生产与航空物流耦合

随着一批电子信息、生物医药、航空运输等企业加快向郑州航空港集聚，美国联合包裹、俄罗斯空桥、富士康等国际知名企业已进驻并发展，郑州已成为全球重要的智能手机生产基地，航空枢纽建设和航空关联型产业互动发展的良好局面已初步形成。未来，郑州的世界制造将形成电子信息产业集群、生物医药产业集群。

目前，郑州的世界制造是以全球重要的智能手机生产基地为主，枢纽机场、物流中心、电子信息制造通过各自的耦合元素相互影响、作用产生耦合现象，其关系如图 7-3 所示。

电子信息产业集群拥有技术创新系统、一体化网络系统和演化系统等关键子

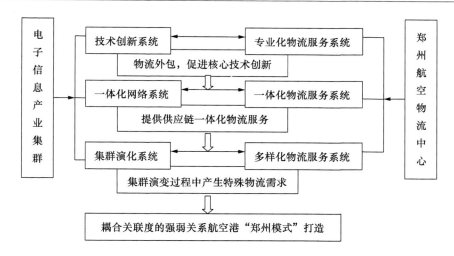

图 7 - 3　电子信息产业集群与郑州航空物流中心的耦合

系统；物流中心主要的子系统是专业化、一体化和多样化物流服务系统。二者之间的耦合关联作用主要表现在：互为物流服务的供应方和需求方，专业化电子信息物流园区为电子信息产业集群提供高水平的、一体化的物流服务；电子信息产业集群的壮大，反过来指导物流园区战略方向的调整和新技术的运用，促成其特色和优势的形成。电子信息产业集群综合了采购、制造、分销的包装、运输、仓储、流通加工及信息共享，产业集群的网络化有利于物流服务的空间集聚，伴随一体化服务的推进，不断提供一些增值物流服务，以满足诸如集群嵌入全球供应链时会产生报关、通关、保税、多式联运、物流金融等从本地一体化向区域一体化到跨国一体化物流需求、物流活动。专业化物流园区的服务系统助推电子信息产业集群外协物流服务，而一体化电子信息物流服务系统则嵌入到电子信息产业集群的供应链中搭建服务平台，无缝衔接电子信息产业链的上下游企业。航空物流服务链和电子信息制造产业链协同耦合，形成郑州航空港经济综合实验区特有的发展模式。郑州空港物流园和富士康创造产业互动，不仅会推动郑州智能手机集群的发展，还能优化航空货运布局，形成郑州航空港的核心竞争力，提升我国民航业的国际竞争力。

　　电子信息产业与航空物流产业融合是两者相互渗透、相互交叉，融合发展，其核心竞争力是电子信息产业链与物流服务供应链整合能力。郑州国际航空物流中心与电子信息制造、生物医药的协同耦合将形成电子制造供应链＋电子信息产业集群＋郑州航空港空中实力、医药供应链＋生物医药产业集群＋郑州航空港空中实力，它不仅让郑州航空大都市生产力得以提升，更成为郑州航空港经济综合实验区产业融合的特色，最终形成郑州航空港综合实验区的核心竞争力。

二、国际贸易——高外贸存度产品贸易与物流一体化

通常情况下，空港经济的形成和发展需要具备一定的基础和条件，并不是有机场就能发展空港经济。空港经济的形成一般与机场本身的条件、地区经济布局、通关政策、交通配套以及航空公司的实力关系紧密。目前，我国航空经济的发展还处于起步阶段，各地还在摸索依托优势促进航空经济发展的路径，郑州航空港经济综合实验区作为我国唯一的以航空经济为主题的进入国家战略层面的功能区，在思考怎样在产业转型升级、区域发展产业转型、新型城镇化道路探索、科技进步和交通方式变革的条件下，塑造自己的现代产业体系。郑州提出了以货运优先战略驱动航空枢纽建设的设想，为了保证货运优先发展，近期进行了大规模的机场及配套工程基础建设，一切工作围绕"以货代客、以物兴产"开展。在激烈的航空港竞争中，基础设施条件固然是重要的，但已经不再是航空港繁荣与否的决定性因素。"以货代客，以物兴产"的同时，还要实施"贸易与物流一体化"的策略，发展商贸，实现航空港口的繁荣。一个现代化的国际航空物流中心必须集物流服务中心、商务中心、信息与通讯服务中心和人员服务中心为一体，才能巩固和提高其在运输链中的地位和作用。

"以货代客，以物兴产"、"贸易与物流一体化"让航空港成为组织经贸活动的调度总站。全球经济一体化让资源在全球范围内进行配置，促进了国际多式联运与全球综合物流服务的出现，让航空货运枢纽不仅成为全球综合运输网络的节点，还成为商品流、资金流、技术流、信息流与人才流会聚的中心，成为以自由贸易为依托，策划、组织和参与国际经贸活动的前方调度总站、产业集聚基地和综合服务平台。

三、电子商务——跨境电商对接跨境物流

出口贸易将成为电商发展的新"蓝海"。因为，我国出口交易规模巨大，出

口商品结构适宜电商化的渠道销售；市场存在碎片化的供需双方，平台有望对接我国大量中小型制造企业和海外消费者及终端零售商；贸易链条较长，存在被电商平台压缩提升效率的空间。

物流业有望在跨境贸易电商化进程中扮演重要角色。因为，跨境物流对跨境电商的重要性更高。物流成本、效率及可到达性大幅影响跨境电商的消费体验；跨境电商的资金流控制对物流信息的依赖性更强；跨境物流网络建设存在较高壁垒，物流资产、对接第三方物流的能力等均不易复制。拥有全球商务及物流网络布局的公司将在这一进程中占得先机。[①]

外运发展作为主营国际航空货运代理业务以及国内货运物流业务，同时持有最大的国际航空快递运营商中外运敦豪 50% 股权，外运发展及其母公司中国外运拥有广泛的国际国内物流网络资源，集海、陆、空货运、仓储码头服务、快递、船务代理及货运代理业务为一体，在重要的节点城市拥有营业网点，并在重要口岸拥有保税仓库，在国外拥有仓储资源，同时作为中国最大的国际航空货运代理商，掌握众多的航空货运资源，并直接通过子公司中外运敦豪成为中国最大的国际航空快递运营商。

外运发展及其母公司已经介入跨境物流电商平台业务：目前，外运发展及其母公司已经介入跨境物流电子商务平台领域，先后推出了国内首个跨境航空物流电商平台和海运电子商务平台，外运发展及其母公司推出的航空货运电商平台和海运电商平台，实际上是将"物流"作为一项标准化的基础服务产品，与电子商务结合，面向众多分散的客户，为物流服务的供给方和需求方搭建了在线交易的平台，并为物流服务的需求方提供多种物流服务选择及"一站式"服务所需的各项功能。用户能够像购买商品一样购买物流服务，中外运推出了"运易通"，集物流、交易、融资于一体，集合交易方、物流商与融资方，将成为公共 B2B 交易平台和 B2B 支付体系，目前已经与中国银行、中信银行、兴业银行、华夏银行、广发银行等机构展开合作，为客户提供匹配资金流的服务。

基于跨国物流网络和跨境物流资源对接跨境电商：基于公司以及大股东广泛

---

① 跨境贸易成电商蓝海［N］. 北京商报，2013－10－17.

的国际物流网络（仓储、营业网点、保税仓库、海关监管仓库等硬件资源以及对接海关的软件资源），公司有望在跨境电商发展的过程中整合自身第三方跨境物流资源以及外部第三方物流资源，成为提供跨境物流服务的综合物流服务商。[①]

近年来，我国跨境电子商务发展迅速，对于国家经济发展的拉动作用日趋明显。与此同时，跨境电子商务的发展也面临许多问题：从企业经营者方面看，跨境出口业务因无法取得税务局要求的退税凭证，以及外汇管理局要求的结汇凭证，资金多是通过灰色渠道进入国内，风险很大。企业在海外建仓，除了成本高，还要面临被海外"灰色清关"带来的货物延迟和刑事风险。从消费者角度看，海外网购的商品在品质检验、售后服务方面都难以保障。

2012 年 9 月 12 日，跨境贸易电子商务服务（E 贸易）试点项目落地郑州。E 贸易是指基于保税中心的，以一般贸易入区保税，以快件、邮件方式配送出区的，按照行邮税收管理办法管理的，服务于跨境贸易电子商务的综合物流服务解决方案。

方案内容：一是为顺应新型贸易电子商务飞速发展需求而建立一个综合性服务平台，其服务主体是电商及电商平台（如保税国际）、物流商（如 EMS）、金融服务机构；二是在更便利国家监管的前提下，为寻求解决目前电子商务从业者遇到的报关、结汇、退税等问题而探索出的创新业务模式。方案的目的是为促进跨境贸易电子商务的发展打开一条"阳光通道"。[②]

四、航空物流金融——航空货运与金融的高端交融

当物流市场由单一企业之间的竞争转向供应链之间的竞争时，只有物资流、信息流和资金流之间相互支持和匹配，才能保障整个供应链无缝衔接、高效运作。航空货运业更是如此，后危机时代，竞争日趋白热化，为在竞争中不被"边缘化"，航空货运业开始寻求金融服务行业的大力支持。航空货运业与金融行业逐步融合，航空物流金融管理应运而生。

---

① 外运发展：打造跨境物流电商平台［EB/OL］. 证券时报网，www. eastmoney. com，2013 年 10 月 9 日.

② 郑州试水 E 贸易跨境电商扎堆做外贸生意更方便了［N］. 河南日报，2014 - 02 - 27.

航空货运与金融的高端交融在解决航空物流供应链上资金"瓶颈"的同时，还实现了物资流、信息流和资金流的同步化以及供应链全程的高效率、低成本运行，进而提高了航空货运企业的核心竞争力和整个航空物流的运营效率。

当然，现代金融和航空物流的高度融合也改变了银行和申请贷款企业之间的债权关系，银行开始侧重监管航空货运企业、货主企业，提供物流和金融集成的融资贷款物流服务。

按照金融在航空物流中的业务内容，航空物流金融管理可分为物流结算金融模式、物流质押模式、物流授信金融模式和综合运作模式。①

---

① 谢泗薪，袁姣. 航空货运战略发展新视野：航空物流金融管理［J］. 空运商务，2012（11）.

第八章 航空物流产业发展政策支持

第一节 航空物流产业发展面临的政策创新
——先行先试

作为一种重要的经济举措或相关制度安排，产业政策的制定和实施无疑是当代多数国家在宏观层面对经济活动进行调节和管理的一个重要内容。

产业政策是关于产业发展的各类政策的综合，是一个政策体系；产业政策的目标是为了克服产业发展自身局限和不足，以期通过为产业发展创造良好的环境和条件，提升产业竞争力和促进产业健康发展。因此，可以说，一个产业发展的好坏，与相关产业政策关系密切，一个产业健康发展通常都离不开产业政策的有力支持。[①]

航空港实验区的航空物流产业政策体系构建属于国家、行业产业发展政策的范畴，更是实验区国际航空物流中心的政策与体制创新，国家赋予实验区"先行先试"改革授权，是制定新政策、开创新模式、取得新突破的前提。

国家赋予实验区"先行先试"的改革授权不仅仅包含上述几个方面，先行试点的特点之一是探索性，一般来说因前期经济不足而允许"试错"，概括起来是走前人没有走过的路，先试行后规范，由点及面地波浪式推进。

---

① 张泽一. 产业政策的影响因素及其作用机制［J］. 生产力研究，2009（10）.

第二节　航空物流产业发展政策体系构建
——体制、机制、政策相关联

在中国特色社会主义体制下建设国际航空物流中心，是没有先例可借鉴的事业，在借鉴国外成功经验时，需要突破原有体制和机制的制约。由于航空物流产业发展政策往往与其他方面的体制、机制、政策相关联，所以需要厘清关联，科学构建航空物流产业发展政策体系，还需要集成推进。

一、航空经济发展的政策体系——行政层级、政策作用与影响范围统一

航空经济发展的政策体系是指推动航空经济持续、高度发展的政府政策根据其对经济发展与经济主体不同的影响范围广度与作用深度而形成的政策层次与政策体系，是政府行政层级、政策作用层次与影响范围广度的统一。通常从三个方面说明航空经济发展的政策体系。①

二、航空物流产业发展政策体系——跨行业、部门、地区、跨国界的系统

物流是一项跨行业、跨部门、跨地区、跨越国界的系统工程，加之航空业的跨国特征，使得航空货物运输、航空物流业的产生及发展必然伴随着这种运输方式、行业的统一实体产生及发展。航空物流一般包括运输、仓储、包装、装卸搬运、配送、代理、咨询和其他服务等经济活动，涉及的环节非常广泛。

航空物流产业的政策体系框架是由航空物流活动本身的内涵和外延决定的，航空物流产业发展政策体系属于国家、行业产业发展政策的范畴，是国家及省级

---

① 王章留，郝爱民，杨波. 航空经济理论与实践［M］. 北京：经济科学出版社，2013.

中观层面的政府就航空物流产业培育、结构优化、竞争力提升等促进其发展的系列对策和举措。

产业政策实质上体现了政府为实现经济发展目标而对产业活动的干预，因此针对我国航空物流业发展的现状和存在的问题，根据我国民航强国发展的目标，构建我国航空物流发展产业政策体系和政策措施，是加快发展我国的民航运输与现代物流业发展的重要举措。

郑州航空港经济综合实验区设立的主要任务需要借鉴发展国家（地区）国际航空枢纽、国际航空物流中心支持政策，进行政策和制度创新，为郑州国际航空物流中心建设和中国国际航空运输事业可持续发展创造政策软环境，还需要根据我国航空物流业发展的现状和存在的问题，积极引导和扶持我国航空物流业的主体——航空物流企业的发展。因此，航空物流产业政策体系的构建通常由航空产业政府支持政策、产业发展政策、企业发展政策三大方面构成，图8-1简要图示了航空物流产业发展的主要政策体系。

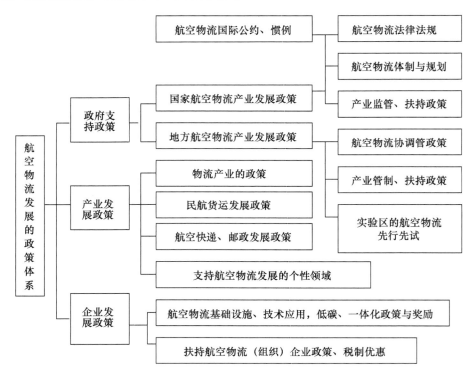

图8-1　航空物流产业政策发展的政策体系

第三节　支持航空物流产业发展的政策体系
——各类政策分析

一、政府支持政策——体制、法规、规划、监督、管制

（一）国家航空物流产业发展政策

1. 民航管理体制改革

2002 年 3 月 3 日，国家做出改革民航管理体制的重大决策，确定了《民航体制改革方案》，这是继 1980 年民航改变原来隶属于军队的领导体制、走企业化道路，1988 年民航实行航空公司与机场分立、组建国有骨干航空公司后，民航进行的又一次体制改革，是中国民航成立以来，最彻底、最深刻的一次改革。此次民航改革主要涉及航空公司重组、机场属地化、民航价格体制、空中交通管理体制、民航行政管理体制和扩大对外开放等几大方面。标志着我国民航业长期的高度政府管制有所放松，行业改革步入深化实施阶段，符合民航行业发展规律并与国际接轨的新型民航管理体制初步确立。[①]

2008 年 3 月 21 日，中国民用航空总局改名为中国民用航空局，并入国家交通运输部。我国航空运输业的第四次政府管理体制改革，是在探索建立大部门体制和加快推进综合运输体系的背景下推进的。根据《国务院机构改革方案》，将交通部、中国民用航空总局等机构的职责，整合划入交通运输部；组建国家民用航空局，由交通运输部管理；不再保留交通部、中国民用航空总局。[②]

2012 年 4 月 17 日，财政部发布了《民航发展基金征收使用管理暂行办法》（以下简称《办法》），该《办法》指出，从 4 月起，将对旅客和航空公司征收民

---

① 民航体制改革方案（国发〔2002〕6 号）[Z].2002.

② 贺富永，李乾贵. 全球化背景下我国航空运输业政府管理体制改革的历程与方向探析 [J]. 中国行政管理，2013（6）.

航发展基金，废除原来对旅客征收的机场建设费及对航空公司征收的民航基础设施建设基金。基金主要用途：民航基础设施建设；对货运航空、支线航空、国际航线、中小型民用运输机场的补贴；民航节能减排；民航科教、信息等重大科技项目研发和新技术应用等。①

2013 年 1 月 14 日，国务院办公厅印发了《促进民航业发展重点工作分工方案》，将《国务院关于促进民航业发展的若干意见》（以下简称《若干意见》）的各项目标和任务进行了细化和分解，进一步明确了各省（自治区、市）人民政府及国务院有关部门贯彻落实《若干意见》的具体责任，内容涉及 16 大项的 56个方面。明确把民航业定为战略性产业，把发展民航业提升为国家战略，这对民航的发展带来战略性机遇。②

2. 航空货运相关的法规和规章

我国陆续颁布了《民用航空运输销售代理业管理规定》、《中国民用航空货物国内运输规则》和《中国民用航空快递业管理规定》等与航空货运相关的法规和规章，规范和促进了航空货运的发展。在中国国际航空货物运输适用的国际公约有：《统一国际航空运输某些规则的公约》——《华沙公约》、《海牙议定书》、《瓜达拉哈拉公约》。

目前较有影响力的国际航空运输公约有：《华沙公约》（1929 年）、《海牙议定书》（1955 年）、《瓜达拉哈拉公约》（1961 年）、《危地马拉议定书》（1971年）、《蒙特利尔第一号附加议定书》（1975 年）、《蒙特利尔第二号附加议定书》（1975 年）、《蒙特利尔第二号附加议定书》（1975 年）、《蒙特利尔第二号附加议定书》（1975 年）。

3. 中国民用航空发展第十二个五年规划

根据 2010 年 4 月 7 日全国民航规划暨机场工作会议上发布的《中国民用航空发展第十二个五年规划》：提高国际货运能力，鼓励货运公司间的并购、重组和业务合作打造具有较强国际竞争力的全货运航空公司，积极稳妥、有序渐进地

---

① 中国废止机场建设费有关规定，改征民航发展基金［Z］. 财政部，2012 年 4 月 17.
② 国务院办公厅印发. 促进民航业发展重点工作分工方案［I］. 中国民航局，www.caac.gov.cn，2013 年 1 月 15 日.

开放货运市场，引导我国航空货运企业开辟国际航线，加入国际航空货运联盟，扩展国际货运网络；加强与海关等联检部门的协作，实行便利通关、异地清关，提高货物通关效率。

推动航空货运物流化。鼓励货运航空公司与铁路、公路、水运和物流企业开展各种形式的合作，完善地面物流网络，开展多式联运，促进航空货运企业由单一货运向现代物流转型。鼓励口岸机场建设航空保税物流园区。引导建立航空物流公共信息平台，支持航空公司建立货运信息系统和电子商务平台，促进航空企业与其他物流企业实现信息对接。支持邮政航空、顺丰航空等企业拓展航空快递业务，推进重点城市航空快件绿色通道建设。

加强货运枢纽建设。支持和鼓励航空货运企业建设航空货运枢纽、货运集散地和快件处理中心，在航线经营权、航班时刻等方面给予支持。引导形成 3 个国际航空货运枢纽群：环渤海地区以北京、天津为主，大连、青岛、济南、石家庄为辅；长三角地区以上海为主，杭州、南京为辅；珠三角地区以广州为主，深圳为辅。加强沈阳、厦门、郑州、武汉、成都、重庆、昆明、西安和乌鲁木齐等机场航空货运枢纽的建设。①

4. 政府监管政策

（1）《中华人民共和国海关法》。为了维护国家的主权和利益，加强海关监督管理，促进对外经济贸易和科技文化交往，保障社会主义现代化建设而制定的法律。由第六届全国人民代表大会常务委员会第十九次会议于 1987 年 1 月 22 日修订通过了《中华人民共和国海关法》，《中华人民共和国海关法》自 1987 年 7 月 1 日起施行。

（2）《中华人民共和国海关对过境货物监管办法》。为方便过境运输业务的开展，加强对过境运输货物的管理，外交部、经贸部、铁道部、交通部、国务院经贸办，1992 年 9 月 1 日海关总署还制定了《中华人民共和国海关对过境货物监管办法》（海关总署令第 38 号公布 自 1992 年 12 月 1 日起实施）。

5. 质量监督检验检疫

航空运输的产品的质量、计量、出入境商品检验、出入境卫生检疫、出入境

---

① 中国民航局（www. caac. gov. cn）. 中国民用航空发展第十二个五年规划（2011～2015 年）［Z］.

动植物检疫和认证认可、标准化等工作由国家质量监督检验检疫总局进行管理，国家质量监督检验检疫总局行使行政执法职能。

《产品质量法》：国家质检总局组织实施国家关于质量振兴的政策措施。

《计量法》：国家质检总局对进出口计量器具进行检验和监督管理。

《出入境检验检疫机构实施检验检疫的进出境商品目录》：国家质检总局参加国家对外开放口岸的规划和验收等有关工作，对涉及环境、卫生、动植物健康、人身安全的出入境货物、交通工具和人员实施检验检疫通关管理，在口岸对出入境货物实行"先报检，后报关"的检验检疫货物通关管理模式。

出入境检验检疫机构负责实施进出口货物法定检验检疫，并签发"入境货物通关单"和"出境货物通关单"，海关凭此放行；签发出境检验检疫证书至100多个国家和地区；依法对出入境检验检疫标志和封识进行管理；负责签发普惠制原产地证、一般原产地证、区域性优惠原产地证和专用原产地证及注册等相关业务。

《国境卫生检疫法》：国家质检总局负责在我国口岸对入出境人员、交通工具、集装箱、货物、行李、邮包、尸体骸骨、特殊物品等实施卫生检疫查验、传染病监测、卫生监督和卫生处理，促进国家对外开放政策的实施，防止传染病的传入和传出，保证出入境人员的健康卫生。

《进出境动植物检疫法》：国家质检总局对进出境和旅客携带、邮寄的动植物及其产品和其他检疫物，装载动植物及其产品和其他检疫物的装载容器、包装物、铺垫材料，来自疫区的运输工具，以及法律、法规、国际条约、多双边协议规定或贸易合同约定应当实施检疫的其他货物和物品实施检疫和监管。

《进出口商品检验法》：国家质检总局对进出口商品及其包装和运载工具进行检验和监管。

《食品卫生法》和《进出口商品检验法》：国家质检总局对进出口食品和化妆品安全、卫生、质量进行检验监督管理，组织实施对进出口食品和化妆品及其生产单位的日常监督管理。对进口食品（包括饮料、酒类、糖类）、食品添加剂、食品容器、包装材料、食品用工具及设备进行检验检疫和监督管理。

国家质检总局负责管理质量监督检验检疫方面的国际合作与交流。

《中华人民共和国标准化法》：国家标准委负责起草、修订国家标准化法律法规的工作，拟定和贯彻执行国家标准化工作的方针和政策，拟定全国标准化管理规章，制定相关制度，组织实施标准化法律法规和规章制度。

为履行出入境检验检疫职能，国家质检总局在全国 31 个省（自治区、直辖市）共设有 35 个直属出入境检验检疫局，海陆空口岸和货物集散地设有近 300 个分支局和 200 多个办事处，共有检验检疫人员 3 万余人。质检总局对出入境检验检疫机构实施垂直管理。

6. "管制"与"放松管制"平衡

航空运输业管制政策的演变是"管制"与"放松管制"的调整与平衡的过程，是在推进放松管制的背景下，适时调整政府管制的方式和手段，以适应行业发展需要的过程。转型发展时期的中国民航业，发展和调整的任务并存，需要与之相配套的管制与放松管制政策的协调，用"管制"引导、促进产业结构调整，用"放松管制"推进行业快速发展。[1]

2012 年 7 月 8 日，国务院发布了《国务院关于促进民航业发展的若干意见》，在立法和规划、加大空域管理制度改革、完善管理体制机制、完善财税扶植政策以及改善金融服务五大方面提出了政策措施，这对发展我国航空运输业具有重要的指导意义。[2]

（二）地方航空物流产业发展政策

1. 河南省航空物流产业发展政策

2013 年 7 月 19 日，为支持航空物流业快速发展，推动郑州航空经济综合实验区建设，在积极向国家争取政策的同时，河南省制定 20 条优惠政策，在航线航班补助、市场开拓奖励、机场使用费减免补助、用地保障、融资担保、通关检验、高端人才引进等方面予以支持。[3]

《关于支持郑州航空港经济综合实验区发展的若干政策》共含 81 项支持政策，包含了实验区建设所涉及的财税、口岸建设及通关便利化、金融、产业发

① 耿淑香. 转型发展时期中国民航业管制政策［J］. 首都经济贸易大学学报，2013（1）.
② 国务院. 国务院关于促进民航业发展的若干意见［Z］. 2012 年 7 月 8 日.
③ 河南省发展航空物流公布 20 条优惠政策支持［EB/OL］. 大河网，7 月 19 日.

展、要素保障、人才保障 7 个方面。《政策》紧密围绕实验区实际需要，如提出"2013～2015 年，省对实验区实行地方收入全留的财政激励政策"、"将实验区基础设施建设项目纳入省重点项目管理"等。

（1）在财税方面，包括支持股权投资引导基金设立、高新技术产业化、基地航空公司设立、航线开辟、航空物流高级人才引进等 33 项政策。

（2）口岸建设及通关便利化方面，包括支持口岸合作、优化通关制度、加强口岸建设等 6 项政策。

（3）金融方面，包括支持实验区开展融资租赁业务、拓宽直接融资渠道等 7 项政策。

（4）产业发展方面，包括加大省级专项资金支持力度、支持实验区自主创新体系建设、工商登记便利等 12 项政策。

（5）要素保障方面，包括用地保障、环保和用水指标倾斜等 13 项政策。

（6）人才保障方面，包括知识产权入股、引进河南省"百人计划"人才等 9 项政策；另外，还包括在行政编制和政法、边检等专项编制分配上向实验区倾斜等政策。①

2013 年 11 月 12 日，河南省政府办公厅出台了《关于郑州航空港经济综合实验区与省直部门建立直通车制度的实施意见》（以下简称《意见》）。《意见》提出，按照省委构建高效率领导管理体制的要求，实现管委会对实验区空间管理全覆盖、机构设置全职能，赋予实验区省辖市一级经济和社会管理权限，减少行政层级，提高行政效率，激发发展活力。②

同时，为增强可操作性，《意见》制定提出了《郑州航空港实验区与省直部门直通事项目录》，明确了发展改革、工业和信息化、商务、人力资源和社会保障、司法、国土资源等 26 个领域 266 项具体直通事项。

2013 年 9 月 1 日，河南省科技厅出台了《支持服务郑州航空港区经济综合实验区建设的意见》，从 10 个方面为实验区的创新发展提供支持，着力把实验区

---

① 河南省人民政府办公厅关于支持郑州航空港经济综合实验区发展的意见（豫政办〔2013〕93 号）[Z].

② 河南省人民政府办公厅关于郑州航空港经济综合实验区与省直部门建立直通车制度的实施意见[EB/OL].河南省政府门户网站，www.henan.gov.cn，2013 年 11 月 12 日.

尽快建设成为自主创新的战略高地、培育和发展战略性新兴产业的核心载体、高层次创新人才的富集区域、抢占国际高新技术产业制高点的前沿阵地、发展方式转变和经济结构调整的重要引擎、实现创新驱动和科学发展的先行区域。①

2013 年 9 月 24 日，河南省商务厅为支持郑州航空港经济综合实验区发展，出台五项措施，从推介招商、招大引强、贸易便利、下放审批、举办展会等方面加大对航空港区建设的支持力度。②

2014 年 1 月 2 日，河南省台办出台《关于支持服务郑州航空港经济综合实验区建设的意见》（以下简称《意见》）：对台工作推动航空港实验区发展提出了 7 个方面的支持服务，该《意见》支持实验区建设以富士康为龙头的电子信息产业基地，以友嘉集团为龙头的精密制造机械产业园，积极推动空港物流园、永龄生物医药产业园、生活小镇等项目。支持推动郑州台湾科技园建设，着力把园区打造成以生物科技、电子信息、总部经济为主导产业的两岸产业集聚示范园区。③

2014 年 1 月 7 日，《河南省人民政府办公厅关于加快电子口岸建设的通知》出台，电子口岸建设的总体目标：到 2014 年底，全面建成电子口岸，建立连接口岸执法单位、进出口管理部门、口岸生产单位及沿海主要口岸的数据交换和协同作业平台，实现对全省进出口企业、生产制造园区、物流基地的通关流程全覆盖，基本形成网络化协同监管模式和大通关“一站式”服务体系，构建与我省开放型经济发展相适应的口岸软环境。④

2014 年 2 月 25 日，河南省政府日前正式作出批复，原则同意《郑州航空港经济综合实验区概念性总体规划（总体规划深度 2013～2040 年)》，规划确定了全球协作、中心极化、区域共建、都市提升四大发展战略。⑤

2014 年 3 月 13 日，《郑州航空港经济综合实验区综合交通规划》通过专家

① 省科技厅出台十项举措　支持航空港创新发展［N］. 河南日报，2013 – 09 – 01.

② 河南省商务厅五项措施支持郑州航空港建设［N］. 河南日报，2013 – 09 – 24.

③ 省台办出台. 关于支持服务郑州航空港经济综合实验区建设的意见［EB/OL］. 华夏经纬网，2014 – 1 – 2.

④ 河南省人民政府办公厅关于加快电子口岸建设的通知［EB/OL］. 河南省政府门户网站，www. henan. gov. cn，2014 年 1 月 7 日.

⑤ 郑州航空港经济综合实验区概念性总体规划获省政府批复［EB/OL］. 河南省政府门户网站，www. henan. gov. cn，2014 年 2 月 25 日.

评审，规划的编制进一步丰富了《郑州航空港经济综合实验区概念性总体规划（总体规划深度 2013～2040 年）》，系统梳理了航空港综合交通枢纽体系，对提升郑州国际机场枢纽地位，建设国际化、现代化立体综合交通枢纽城市具有重要意义，也为实验区各专项规划编制的有效衔接打下了坚实基础。①

2014 年 3 月 19 日，《人行郑州中支和外汇局河南省分局联合出台支持郑州航空港发展的意见》②，围绕对航空港建设的信贷支持，该意见提出了 5 条具体措施，包括引导金融机构加大有效信贷投放，鼓励金融机构结合航空港特点开展有针对性的金融创新，支持企业和金融机构在银行间市场进行直接融资，支持航空港内金融机构、企业和个人创新开展跨境人民币业务，支持企业利用境内境外两种资源、缓解企业融资困难等。

2014 年 5 月 8 日，河南省人民政府出台《河南省人民政府关于建设高成长服务业大省的若干意见》，意见提出了服务业大省的发展目标：力争到 2020 年，构建形成生产服务集聚化、生活服务便利化、基础服务网络化、公共服务均等化的现代服务业体系，对经济转型升级形成强有力支撑，基本建成高成长服务业大省，成为全国重要的现代服务业基地。

2. 航空港实验区的航空物流先行先试政策

目前，国务院赋予航空港实验区的先行先试的优惠内容大体包括：

一是推进航空管理的先行先试，优先开放郑州的第五航权，适当的时候开放第七航权。

二是创新海关监管制度，促进航空物流和加工贸易的发展。凡是对进驻实验区的中外航空公司在航线的经营权、航班时刻等方面都给予支持；在金融政策上，进驻实验区的金融机构，可以适时探索开展综合经营试点；对于设立在综合保税区的融资租赁公司给予优惠政策，支持在实验区开展离岸结算业务。

三是服务外包政策方面，支持实验区设立服务外包的产业园区，享受服务外包有关的优惠政策。

---

① 《郑州航空港经济综合实验区综合交通规划》通过专家评审［N］．河南日报，2014－03－13．
② 人行郑州中支和外汇局河南省分局联合出台支持郑州航空港发展的意见［EB/OL］．河南省政府门户网站，www. henan. gov. cn，2014－03－19．

四是财税政策上，明确提出由财政部牵头，要专题研究支持实验区的财税政策。在土地政策上明确建设用地指标要向实验区倾斜。在境外人员的往来方面提出要积极研究对外国人在郑州机场的口岸入境提供便利政策，促进通关便利化。①

3. 郑州市航空物流产业发展政策

《郑州市人民政府关于做好郑州航空港经济综合实验区与省直部门建立直通车制度有关服务工作的通知》、《郑州市人民政府批转郑州市工商行政管理局关于放宽工商登记条件促进郑州航空港经济综合实验区市场主体发展的意见的通知》对河南省就郑州航空港经济综合实验区获 81 项政策贯彻落实。

为贯彻落实《郑州航空港经济综合实验区概念性总体规划》的先进理念、技术，航空港实验区《郑州航空港经济综合实验区邮政设施规划》、《郑州航空港经济综合实验区给水工程规划》、《郑州航空港经济综合实验区电网远景规划》、《郑州航空港经济综合实验区燃气工程规划》、《郑州航空港经济综合实验区集中供热规划》等 26 项专项规划成果进行了集中评审。

2014 年 6 月 6 日，《郑州市人民政府关于印发郑州市 2014 年服务业发展工作实施方案的通知》出台。

二、航空物流行业政策——物流产业、民航运输、航空快递、航空邮政

（一）物流产业发展政策

我国自 20 世纪 70 年代末引入物流概念以来，各级政府、产业界和理论界高度重视并切实推进现代物流发展，在物流政策环境建设方面出现了良好的发展势头，全国人大、国务院及其所属各部门、各级地方政府陆续出台了一系列与物流发展相关的政策法规。

1. 按政策的调整对象分类

（1）物流组织政策。《道路货物运输企业经营资质管理办法（试行）》（2001）等属于物流组织政策。

① 郑州航空港经济综合实验区有多方面先行先试权［N］. 郑州晚报，2013 - 04 - 04.

（2）物流运作政策。《汽车货物运输规则》（1999）等属于物流运作政策。

（3）物流发展促进政策。《关于加快发展我国集装箱运输的若干意见》（2002）等属于物流发展促进政策。

（4）物流活动调控政策。《中华人民共和国道路交通安全法》（2003）等属于物流活动调控政策。

（5）物流设施供给政策。《中华人民共和国海关对保税物流中心（A型）的暂行管理办法》（2005）等属于物流设施供给政策。

（6）物流争议救济政策。《中华人民共和国海事诉讼特别程序法》（1999）等属于物流争议救济政策。

2. 按政策的适用领域分类

（1）普遍调整各个部门、各个领域的，进而也适用于物流领域的通用型政策法规，如《中华人民共和国公司法》（1993）、《中华人民共和国标准化法》（1988）、《中华人民共和国反不正当竞争法》（1993）等，这些政策法规对市场经济具有普遍的调整作用，要实现对物流市场的有效规范和引导同样也离不开这些政策法规。

（2）以发展现代物流为目的、专门用于调整物流行业的政策法规，如《关于促进运输企业发展综合物流服务的若干意见》（2001）、《物流企业分类与评估指标》（2005）等，这些政策法规的制定和完善将有力地推动我国现代物流的健康发展。

3. 按政策的使用范围分类

全国性的物流政策如国家发展和改革委员会等九部委联合颁布的《关于促进我国现代物流业发展的意见》（2004），这是目前我国最为综合的全国性物流政策，也是促进我国现代物流发展的最高纲领和行动指南。

地方性的物流政策如福建省人民政府《关于加快现代物流业发展的意见》（2005）、厦门市人民政府《关于加快发展厦门现代物流业的意见》（2003）等。地方性物流政策大多与全国性的物流政策相配套、相协调，但也有个别地方政府进行了较大幅度的政策创新。此外，地方性的一些物流政策还体现在地方政府所

3. 公共航空运输的相关政策

《公共航空运输企业经营许可规定》自 2005 年 1 月 15 日起施行。①

4. 航空货运发展的政策

民航局为了改善国内航空货运业竞争不强局面，2009 年 9 月 21 日，发布了一份《关于进一步促进航空货运发展的政策措施（征求意见稿）》。②

5. 民航对外开放等相关政策环境

（1）民航对外商开放。早在 1994 年中国民航总局和原外经贸部就联合颁布过《关于外商投资民用航空业有关政策的通知》及解释文件。但随着形势的发展，有些方面已不适应新形势的要求。2002 年 8 月 1 日，经国务院批准的《外商投资民用航空业规定》正式实施。民航将适当放宽对外商投资中国民航机场的限制，并鼓励有条件的机场和航空公司，直接利用外资和在境外上市。③

（2）航权对外开放。1944 年在芝加哥缔结的《国际民用航空公约》代替了《巴黎航空公约》，针对国际民航活动制定了一系列的原则和规定。会议期间缔结的《国际航空运输协定》和《国际航空过境协定》，与《民用航空公约》共同构成了《芝加哥公约》的主要内容。《国际航空运输协定》的缔约国相互之间交换五种营运权，又称为空中的"五种自由"。

中、美两国政府首次签署《中美民用航空运输协定》是在 1980 年 9 月。《中美扩展航空服务协议》的签订在中国民航的发展中具有里程碑意义，第五航权的开放及扩大范围在协议中明确，表明了中国政府在航权交换上的态度。在解决了第五航空权是否开放的问题之后，随之而来的问题则是开放方式和开放度的问题。郑州航空港将在推进航空管理的先行先试，会优先开放郑州的第五航权，适当的时候开放第七航权。

（三）航空快递、航空邮政发展政策

（1）1998 年 1 月 13 日，《中国民用航空快递业管理规定》发布。

（2）2009 年 9 月 27 日，《国家邮政局中国民用航空局关于促进快递与民航

① 公共航空运输企业经营许可规定［EB/OL］. 中国民航总局网站，2008 – 03 – 12.
② 关于进一步促进航空货运发展的政策措施（征求意见稿）发布［J］. 空运商务，2009（19）.
③ 林华. 航业对外资开放"引狼入室"还是产业振兴［N］. 中国商报，2009 – 11 – 03.

产业协同发展的意见》（国邮发〔2009〕180号）发布。

（3）2012年3月4日，《国家邮政局商务部关于促进快递服务与网络零售协同发展的指导意见》（国邮发〔2012〕1号）发布。

（4）2013年10月14日，《国家邮政局、工业和信息化部、关于推进快递服务制造业工作的指导意见》发布，指导意见是为深入贯彻落实《服务业发展"十二五"规划》、《邮政业发展"十二五"规划》和《工业转型升级规划（2011～2015年）》，充分发挥快递在服务制造业发展方面的重要作用，加快结构调整和转型升级，提升快递发展的质量和效益。①

（四）支持航空物流发展的个性领域政策

2013年4月15日，《关于进一步促进电子商务健康快速发展有关工作的通知》（发改办高技〔2013〕894号）发布。

随着我国给予跨境电商越来越多的政策支持，为航空货运带来越来越大的刚性需求。2013年8月21日发布的《关于实施支持跨境电子商务零售出口有关政策的意见》，对于发展跨境电子商务对于扩大国际市场份额、拓展外贸营销网络、转变外贸发展方式具有重要而深远的意义。

《郑州市跨境贸易电子商务服务试点实施方案》出台，实施方案是具体落实郑州航空港经济综合实验区建设的"E贸易"试点，以打造国际网购物品集散分拨中心为目标，推进郑州市跨境贸易电子商务服务试点建设的行动纲领。②

三、航空物流产业企业发展政策——税收、财政补贴、土地优惠、奖励、物流园

（一）税收优惠政策

1. 国家促进物流业健康发展的有关财税扶持政策

（1）切实减轻物流企业税收负担。根据物流业的产业特点和物流企业一体化、社会化、网络化、规模化发展要求，统筹完善有关税收支持政策。

---

① 国家邮政局工业和信息化部关于推进快递服务制造业工作的指导意见（国邮发〔2013〕178号）[Z].2013-10-14.
② 国务院办公厅转发商务部等部门关于实施支持跨境电子商务零售出口有关政策意见的通知（国办发〔2013〕89号）[Z].2013-08-21.

（2）鼓励整合物流设施资源。

（3）推进物流技术创新和应用。

（4）加大对物流业的投入。

（5）优先发展农产品物流业。①

2. 国家对民航国际航班使用保税航空燃油有关税收政策

《关于成都双流等 3 个机场民航国际航班使用保税航空燃油有关税收政策的通知》（财税〔2013〕1 号）从 2013 年 2 月 1 日起，中国航空油料有限责任公司在成都双流、厦门高崎和郑州新郑机场设立的航空油料保税仓库，在海关批准的保税仓库有效期内，应以不含增值税的价格向民航国际航班销售进口保税的航空燃油。对中国航空油料有限责任公司所属的上述保税仓库，按照上述规定向民航国际航班销售进口保税的航空燃油取得的收入，免征增值税。②

3. 国家对国际航线和港澳航线飞机维修的进口航空器材实施进口税收优惠政策

自 2005 年 1 月 1 日起，国内航空公司用于国际航线和港澳航线飞机维修的进口航空器材（包括送境外维修的零部件）实施进口税收优惠政策。财政部商总署制定了《关于营运国际航线和港澳航线的国内航空公司进口维修用航空器材进口税收的暂行规定》。

4. 国家关于租赁企业进口飞机有关税收政策的通知

2014 年 6 月 6 日，财政部、海关总署、国家税务总局联合下发的《关于租赁企业进口飞机有关税收政策的通知》，租赁企业一般贸易项下进口飞机并租给国内航空公司使用的，享受与国内航空公司进口飞机同等税收优惠政策，即进口空载重量在 25 吨以上的飞机减按 5% 征收进口环节增值税。

5. 国家推动海峡两岸空中直航营业税和企业所得税政策

为推动海峡两岸空中直航，经国务院批准，现对海峡两岸空中直航业务有关税收政策通知如下：自 2009 年 6 月 25 日起，对台湾航空公司从事海峡两岸空中

---

① 国务院办公厅关于促进物流业健康发展政策措施的意见（国办发〔2011〕38 号）〔Z〕.
② 关于成都双流等 3 个机场民航国际航班使用保税航空燃油有关税收政策的通知（财税〔2013〕1 号）〔Z〕.

直航业务在大陆取得的运输收入，免征营业税。对台湾航空公司在 2009 年 6 月 25 日起至文到之日已缴纳应予免征的营业税，从以后应缴的营业税税款中抵减，在 2010 年内抵减不完的予以退还。

自 2009 年 6 月 25 日起，对台湾航空公司从事海峡两岸空中直航业务取得的来源于大陆的所得，免征企业所得税。对台湾航空公司在 2009 年 6 月 25 日起至文到之日已缴纳应予免征的企业所得税，在 2010 年内予以退还。享受企业所得税免税政策的台湾航空公司应当按照企业所得税法实施条例的有关规定，单独核算其从事上述业务在大陆取得的收入和发生的成本、费用；未单独核算的，不得享受免征企业所得税政策。①

6. 国家中小企业国际市场开拓资金

申报单位：包括中小企业和组织中小企业开拓国际市场的项目组织单位，分为企业项目和团体项目。中小企业是指上年度海关统计进出口额在 4500 万美元（2009 年之前为出口额 1500 万美元）以下企业；项目组织单位指为中小企业服务的企业、社会团体、事业单位。

支持内容包括：境外展览会；企业管理体系认证；各类产品认证；境外专利申请；国际市场宣传推介；电子商务；境外广告和商标注册；国际市场考察；境外投（议）标；企业培训（团体）；境外收购技术和品牌等。

支持标准：指以上各项支持内容，其支出不低于 1 万元的项目予以支持，支持金额原则上不超过项目支持内容所需金额的 50%。

对企业项目申请，单个项目给予支持的资金最高不超过 10 万元，单家企业获得本专项资金的支持金额累计不超过 50 万元；对团体项目申请，单个项目给予支持的资金最高不超过 300 万元。②

7. 国家出口货物退（免）税优惠政策

自 2009 年 6 月 1 日起，提高部分商品的出口退税率：电视用发送设备、缝纫机等商品的出口退税率提高到 17%。罐头、果汁、桑丝等农业深加工产品，电动齿轮泵、半挂车等机电产品，光学元件等仪器仪表，胰岛素制剂等药品，箱包，鞋帽，伞，毛发制品，玩具，家具等商品的出口退税率提高到15%。部分塑料、陶瓷、玻璃制品，部分水产品，车削工具等商品的出口退税率提高到13%。合金钢异性材等钢材、钢铁结构体等钢铁制品、剪刀等商品的出口退税率提高到9%。玉米淀粉、酒精的出口退税率提高到5%。①

（二）财政补贴

1. 中央财政促进服务业发展专项资金

根据《国务院关于加快发展服务业的若干意见》（国发〔2007〕7号）等有关文件精神，为促进服务业加快发展，推进经济结构调整，转变经济增长方式，增加经济发展活力，繁荣地方经济，促进和谐社会建设，中央财政设立促进服务业发展专项资金。

专项资金采取奖励、贷款贴息和财政补助等支持方式。②

2. 国家对民航中小机场财政补贴

2007年10月9日，民航总局公布了4项重大财经政策，其中包括《民航中小机场补贴管理办法》、《支线航空补贴管理办法》、《民航基础设施建设贷款财政贴息资金管理办法》以及《航空公司安全保障财务指标考核办法》。这次施政受益最大的是中小机场和支线航空。③

3. 河南省政府对新能源快递车辆进行财政补贴支持

2014年6月17日，河南省政府日前正式出台了《关于促进快递服务业发展的意见》（以下简称《意见》）。《意见》中首次明确支持快递企业采购符合国家要求的新能源汽车作为快递运输和快件投递配送车辆，并给予财政补贴支持。

此外，《意见》要求全省加快推进快递网络重要节点建设。在郑州航空港经济综合实验区规划建设国际国内航空快件分拨中心，在河南保税物流中心建设跨境贸易电子商务快件分拨中心，支持大型快递企业在郑州机场建设专用航空快件分拨中心，积极推进漯河、安阳、商丘、洛阳等省内快递分拣中心节点和其他省

---

① 财政部、国家税务总局关于进一步提高部分商品出口退税率的通知（财税〔2009〕88号）〔Z〕.
② 财政部关于印发《中央财政促进服务业发展专项资金管理暂行办法》的通知（财建〔2007〕853号）〔Z〕.
③ 民航总局新政将落实支线航空将获10亿财政补贴〔N〕. 北京商报，2007 - 10 - 09.

辖市省内快件分拣节点建设。①

4. 白云国际机场国际货运航线财政补贴

2008 年 11 月 28 日，《广州白云国际机场国际货运航线财政补贴专项资金管理暂行办法》（穗财工〔2010〕275 号）颁布。广州市政府设立白云机场国际货运航线财政补贴专项资金，对在该机场开通始发国际货运航线的承运人给予国际货运航线财政补贴。按补贴额度，基地航空公司每架承运货机的国际货运航线补贴资金每年最高可达 1000 万元，非基地航空公司每架承运货机的国际货运航线补贴资金每年最高可达 800 万元。②

（三）贷款优惠

2011 年，我国货币政策适度从紧，银行贷款利率多次上调，企业资金成本大幅提高。民航局积极采取措施，加大贷款贴息力度，全年共安排贴息资金 6.9 亿元，同比增长 38%。贴补率为 65% ~ 80%，惠及 75 个大的基本建设项目。基本建设贷款贴息支持企业通过银行贷款融资，不仅减少了企业融资成本，更体现了国家对民航业发展的政策导向和重要支持。③

（四）土地优惠

针对机场属地化改革，近年来，各地方政府重视机场建设，通过落实对机场建设投资及发展政策的支持责任，给予机场建设土地优惠及税费减免和返还、亏损补贴等优惠政策，进一步加大了机场场外配套设施建设的投资力度。

国务院办公厅 2011 年 8 月 19 日发布《关于促进物流业健康发展政策措施的意见》，意见要求，减轻物流企业税收负担，抓紧完善物流企业营业税差额纳税试点办法，加大对物流业的土地政策支持力度。

自 2012 年 1 月 1 日起至 2014 年 12 月 31 日止，物流企业自有的大宗商品仓储设施用地，将按所属土地等级适用税额标准的 50% 计征城镇土地使用税，目前，拥有自营仓储或者出租仓库的物流仓储企业，都要交纳土地使用税，不过每个地区缴纳的税负标准有所不同。

---

① 河南促快递服务业发展用新能源汽车投递有补贴［N］. 河南日报，2014 – 06 – 18.
② 郭军. 白云机场国际货运航线获得政府巨额财政补贴［EB/OL］. 广东新闻网，2008 – 11 – 28.
③ 基本建设贷款贴息破解民航建设融资难题［EB/OL］. 中国网，www. china. com. cn，2012 – 02 – 01.

根据财政部公告，仓储设施用地主要包括仓库库区内的各类仓房（含配送中心）、油罐（池）、货场、晒场（堆场）、罩棚等储存设施和铁路专用线、码头、道路、装卸搬运区域等物流作业配套设施的用地。此项政策或对快递业、城市配送业、城市物流中心的建设无疑是十分有益处的，将极大地帮助快递企业和公路运输企业通过自建仓储和分拣中心等来延伸运输链条。①

（五）行政事业性收费优惠

2011 年 12 月 30 日，财政部、国家发改委发出财综〔2011〕127 号《关于公布取消 253 项涉及企业行政事业性收费的通知》。决定自 2012 年 2 月 1 日起，取消 253 项各省（自治区、直辖市）设立的涉及企业的行政事业性收费。其中，部分内容涉及物流企业。例如，"超限运输车辆行驶公路桥涵补偿费"等是物流企业多年反映，中物联"60 条"政策建议曾经提到的内容，政府部门已明令取消。②

（六）政府财政奖励

浙江湖州市委、市政府办公室发布了《关于加快发展服务业的若干意见》。该意见提出要突出服务业发展重点、明确政策，发展壮大物流业，积极培育和扶植 A 级物流企业。

在鼓励服务业发展政策中，提出对湖州市内首次评定为 A 级的物流企业予以相应的奖励。

物流专项投资安排方式以贷款贴息为主，对鲜活农产品冷链物流、物流标准和技术推广、物流公共信息平台工程等项目，可以参照贷款贴息规模给予投资补助。安排给单个项目的贴息或补助资金的最高限额原则上不超过 3000 万元，且均为一次性安排。

（七）物流园区发展

2003 年，国土资源部发布了《关于清理整顿现有各类开发区的具体标准和政策界限的通知》，其中包括物流园区。同年，国务院发出《关于暂停审批各类

①　国务院. 减轻物流税收负担加大土地政策支持力度［EB/OL］. 中国新闻网，2011 - 8 - 19.
②　研究室. 涉及物流企业的部分行政事业性收费被取消［EB/OL］. 中国物流与采购联合会网，2012 - 3 - 7.

开发区的紧急通知》，暂停审批各类园区，进行清理整顿的通知，这对物流园区发展初期的开发有所抑制，但对物流园区的健康发展起到了促进作用。

2007年3月，国务院下发《关于促进服务业加快发展的若干意见》，将物流业发展列入重点发展领域。

2008年3月，商务部发布了《关于加快流通领域现代物流发展的指导意见》，在政策措施方面明确提出"加大对流通领域现代物流企业和物流园区的政策扶持。支持具有较强辐射能力的物流园区对仓储设施、信息系统的升级和改造项目"。

2008年12月，国家海关总署、财政部、国家税务总局和外汇局联合发文，正式批准设立上海西北物流园区等17个保税物流中心。

2009年3月，国务院印发了《物流业调整和振兴规划》，提出了"建立现代物流服务体系，以物流服务促进其他产业发展"的指导思想，把"物流园区工程"列入9项重点工程之一。

2011年3月30日，商务部、发展改革委、供销总社印发《商贸物流发展专项规划》。其中，提到"建设、改造一批仓储、分拣、流通加工、配送、信息服务等功能齐备的商贸物流园区，促进商贸物流产业适度集聚"。"适时启动商贸物流园区、物流技术、物流配送中心示范工作。开展诚信经营示范活动，加强物流企业、物流园区信用体系建设。"对商贸物流园区的发展提出了进一步的要求和适时的支持。

2011年8月，随着《国务院办公厅关于促进物流业健康发展政策措施的意见》的出台，提出对物流园区等物流基础设施的土地政策加大支持力度。科学制定全国物流园区发展专项规划，提高土地集约利用水平，对纳入规划的物流园区用地给予重点保障。我国物流业及物流园区的发展面临新的形势和机遇。

2013年9月30日，国家发展改革委、国土资源部、住房城乡建设部、交通运输部、商务部、海关总署、科技部、工业和信息化部、铁路局、民航局、邮政局、国家标准委联合发文《关于印发全国物流园区发展规划的通知》（发改经贸〔2013〕1949号）。

第九章　航空港实验区航空物流业发展现状与问题

第一节　航空港实验区航空物流业发展状况

一、航空物流业体系基本形成

郑州作为"一带一路"战略的重要节点城市，为把郑州航空港实验区建成连通境内外、辐射东中西的重要物流通道，航空港实验区航空物流业由郑州航空港经济综合实验区（郑州新郑综合保税区）管理委员会（以下简称郑州航空港实验区管委会）负责管理，郑州航空港实验区管委会负责制定航空物流中心总体规划、用地规划和土地利用规划，负责园区基础设施建设、招商引资和环境保护，负责搭建融资、土地、人才、信息等要素平台，负责推进统筹智慧物流、航空物流、温控物流配套改革试验，整体规划、整体谋划、产业集群发展，承担产业园区招商任务，负责相应重大项目的对接引进，负责园区管理服务等工作。

航空港实验区航空物流业由"一个平台、一个 U 形带、三个片区、多点"体系构成。其中，"一个平台"即航空物流产业公共信息服务平台，"三个片区"即机场货运区、综合保税区和空港物流园区（在建），"多点"即分布于机场周边、邻近高速公路的特种商品进口口岸、空投基地以及传化公路港等物流项目。

航空物流产业公共信息服务平台是以河南省电子口岸综合服务平台建设为

主，即在电子口岸基础平台、政务协同系统、辅助申报及监管系统、跨区域物流及通关协同、区港一体化系统及河南电子口岸门户应用系统的基础上增加通关一体化系统、关检合作"三个一"系统、河南跨境贸易电子商务通关服务平台建设。

新郑国际机场片区主要包括一、二跑道及陆侧区域、空侧区域、综合管理区、一级服务区（航空货运区）、二级服务区（物流仓储区）、监督仓储区、航材库。南航河南航空基地公司、停车区、物流园。

新郑综合保税区片区主要规划有保税加工、保税物流、口岸作业和综合服务四大功能区，将重点发展保税加工、现代物流、服务贸易、保税研发、监测维修、保税展览、特色金融以及特种商品进出口等产业，包括新郑综合保税区一期，设置行政卡口、查验区、海关监管仓库、检验检疫监管仓库、熏蒸区、报检办事大厅、保税仓库，后期主要包括新郑综合保税区二期、保税仓库和河南进口肉类指定口岸。河南进口肉类指定口岸将建设联检大楼、冷库、检疫处理区、堆场等功能设施。

空港物流园片区与新郑国际机场、新郑综合保税区两大组团的航空货运、保税物流功能互补、信息共享，在满足机场、产业、辐射区域集散圈层的规模物流需求基础上进行规划设计，后期建设的航空物流园将由七大物流功能构成：交易展示中心、冷链物流中心、电商物流中心、集疏分拨中心，多式联运中心、供应链基地、企业总部基地。

2013 年 3 月 7 日，国务院批准《郑州航空港经济综合实验区发展规划》后成立了郑州航空港实验区管委会，目前，根据航空港实验区总体规划，由省民航办牵头完成了《郑州机场总体规划修编》和《郑州机场航空物流枢纽空间布局概念》工作。根据上述规划，郑州航空港实验区已委托罗兰·贝格管理咨询公司完成了《郑州航空港实验区航空物流产业规划》的编制工作。在上述规划的基础上，航空港实验区管委会从国家安全角度面向全球、全方位开放的海陆空新型国际交通体系格局来谋划"全球化"的国际航空交通体系、国际航空物流体系，郑州航空港实验区管委会对郑州国际航空物流中心进行资源整合，整合后的郑州国际航空物流中心将成为国内国际航空交通体系的货运枢纽节点和"一带一路"

战略的重要节点。

二、航空物流业发展取得显著成就

（一）航空物流信息中心

航空物流信息中心先期建设以河南电子口岸综合服务平台建设为主，该平台于 2012 年 6 月开始谋划，2013 年 11 月完成立项，2014 年 6 月启动平台建设，2015 年 1 月试运行，2015 年 2 月 6 日正式上线运行。

河南电子口岸平台的正式上线，开启了河南与国家电子口岸相连接，立足郑州、服务全省、辐射中部、连通全国乃至全球的电子口岸通关服务的良好开端。通过河南电子口岸，与所有进出口相关部门（监管单位或企业）的信息系统互联互通，为企业办理进出口业务提供"单一窗口"，提供"一个门户入网、一次认证登录和'一站式'通关服务"；实现海关和检验检疫对货物通关的"一次申报、一次查验、一次放行"（"三个一"）；同时也使所有监管部门对进出口业务的数据共享、监管更严密，是实现"信息互换、监管互认、执法互助"（"三互"）的重要载体。

河南电子口岸综合服务中心项目，是河南省与国家电子口岸相连接，服务全省、辐射中部、连通全国乃至全球的电子口岸通关服务系统。该电子口岸是一个集电子政务和电子商务为一体的数字信息服务平台，利用先进的信息技术，推动口岸通关的纸质单证向电子单证转化，整合现有口岸通关系统资源，构筑连接政府与政府、政府与企业、企业与企业的公共信息平台，完成信息录入、转换、传递及存储，实现与口岸联检单位、口岸经营单位和政府部门之间的业务系统对接，逐步形成集监管、物流、交易、支付四大环节相贯通的全流程服务体系。

河南电子口岸综合服务中心项目的实施可以建立大通关机制，有利于降低企业通关成本，提高通关效率，促进贸易便利化，是打造郑州航空港实验区内陆开放高地不可或缺的关键要素。从长远看，打造高效、便捷的通关模式有利于改善河南省口岸软环境，对于深化对外开放、推动河南外向型经济发展具有重要意义。

而对于该平台的建设，将分为三个阶段。

第一阶段：满足区区联动、区港联动和跨境贸易电子商务业务需求，实现口岸平台对机场、出口加工区、保税物流中心、铁路口岸的通关物流支持。

第二阶段：实现对全省进出口企业、生产制造园区、物流基地的全覆盖，辐射周边省市和中部地区。

第三阶段：实现与北京、上海、广州、深圳及沿海口岸城市的互联互通，实现与全球物流网络的连接。

（二）新郑国际机场

目前已经建设主要包括一、二跑道及陆侧区域、空侧区域、综合管理区、一级服务区（航空货运区）、二级服务区（物流仓储区）、监督仓储区、航材库；南航河南航空基地公司、停车区、物流园等航空物流基础设施。

截至 2014 年底，郑州机场已开通航线 185 条，其中全货运国际地区航线 32 条，形成了除非洲之外，覆盖全球主要经济体的航线网络，稳居内陆第一；完成旅客吞吐 1580.5 万人次，全国排名由第 20 位上升至第 17 位；货邮吞吐达到 37.04 万吨，全国排名由 2010 年的第 22 位跃升至第 8 位。

郑州机场二期工程已于 2012 年 12 月开工建设，主要包括一条 4F 级跑道、T2 航站楼、综合换乘中心、货栈区等设施。2014 年，郑州机场二期 T2 航站楼、GTC 综合换乘中心、4F 级第二跑道等工程均已完成主体施工，将极大促进郑州航空物流的建设和发展。未来郑州新郑机场将成为继上海虹桥机场之后，全国第二个将城际铁路、高速公路、轨道交通等多种交通方式有效衔接的机场。目前，郑州机场二期工程航站楼、综合交通换乘中心、停机坪、货站区等设施正在按计划稳步推进，预计 2015 年底前投入使用。"机、公、铁"一体的多式联运体系正在快速形成。郑州东站至机场城际铁路、地铁 2 号线建设进展顺利，郑州高铁南站、郑万高铁、郑合高铁已确定今年开工建设，郑太高铁项目建议书已获铁总通过。开通卡车航班城市由 2013 年的 5 个增加到 12 个。

2013 年 3 月，郑州海关快件监管中心正式开通，郑州机场成为中部地区快件转运中心；2013 年 4 月，郑州机场获得国家保税航油经营许可，是中部地区首个获批开展保税航油业务的机场。目前，郑州机场进口水果口岸、进口冰鲜水产品口岸已经启用，进一步提升了郑州机场作为国家一类航空口岸的功能。

已有南航、东航、国航、厦航等 26 家客运航空公司和 UPS、俄罗斯空桥等 17 家货运航空公司入驻郑州机场,卢森堡航空公司已将郑州机场作为其全球第二大枢纽机场,韩国最大的航空企业大韩航空入驻新郑机场。吸引了(联邦快递)FedEx、敦豪(DHL)、联合包裹速递服务公司(UPS)、中外运、丹马士、辛克、海程邦达、上海畅联、中汐物流、捷运国际等货代企业 60 余家入驻。

新郑国际机场片区的航空物流支撑项目有如下:

1. 航空快件总包直封权

获得通往纽约、旧金山、洛杉矶、莫斯科、新西伯利亚、伦敦、库里提巴、圣保罗、温哥华、悉尼、马德里、巴黎、川崎 13 个国际城市的航空快件总包直封权,继 13 个国际城市后,根据业务货邮量,郑州还将陆续申请至乌克兰、韩国、新加坡、泰国等地的国际快件出口总包直封权。

2. 与卢森堡国际货运航空形成覆盖全球的货运网络的"双中心"

2014 年 1 月 14 日,河南民航发展投资有限公司收购卢森堡国际货运航空有限公司 35% 的股权,双方打造以郑州机场为亚太物流枢纽、卢森堡机场为欧美物流枢纽的"双枢纽"战略。自 2014 年 6 月开通当年,该航线货运吞吐量达到 1.47 万吨,货运量占郑州机场同期货运增量的 23.4%。

3. 郑州机场航空口岸获批口岸签证权

2014 年 7 月 10 日,郑州机场航空口岸获批口岸签证权,目前已经开始实施。

4. "卡车航班"成为重要补充

从 2013 年 7 月 23 日开通卡车航班至今,郑州机场已经开通了到北京、天津、青岛、西安等 12 个城市的卡车航班。

5. 中国南方航空河南航空有限公司成立

由南方航空与河南航投共同投资组建的中国南方航空河南航空有限公司在郑州机场正式挂牌成立。河南省本土航空公司正式起航运营。目前经营近百条国内外航线,通达 32 个城市,运营了 25 架波音 737 飞机,每周航班超过 600 个。

6. 快件监管中心获批运行

通过该快件监管中心的快件,可以通过提前申报、税款担保、预约通关等措施,有效缩短通关时间,减少通关手续;同时机场海关还在综合服务大厅内单独设立了快件业务岗位，使快件单证录入、审核、缴费、放行与普通进出口货物区别开来，实现了快件业务单证审核与实货监管一体化，提高通关效率。

7. 获批开展保税航油业务

2014 年，机场海关已为 30 余家航空公司提供了保税航油监管服务，实际加注航油 11.9 万吨，增长 72.13%，为企业节约费用超过 1 亿元，极大地刺激了国内外航空公司在郑开辟或拓展国际航线。

（三）郑州新郑综合保税区

2014 年，郑州综保区累计完成进出口总值约 388.21 亿美元同比增长（下同）8.47%，占全省进出口总额的 60%，外贸进出口创历史新高。出口 213.24 亿美元，增长 5.04%；进口 174.97 亿美元，增长 12.97%；贸易顺差 38.27 亿美元。实现苹果手机结关进口 2680.48 万台，增长 77.69%；内销货值 147.71 亿美元，增长 97.5%；缴纳进口环节增值税 154.17 亿元，增长 96.1%。

在科学设计区内业务流程、信息系统的基础上，郑州综保区建立了"通关一体化"系统，确保综保区与航空、铁路、公路口岸之间，与出口加工区、保税物流中心之间的"一次申报、一次查验、一次放行"，郑州综保区货物可直达机场，直接装机。目前，郑州综保区已开展了进口商品展示业务。2013 年 12 月，国家质检总局正式同意河南省依托郑州国际航空港和欧亚国际铁路联运两个一类口岸筹建进口肉类指定口岸。目前，进口肉类口岸建设正在稳步推进，原计划 2015 年 7 月底前建成投用。进口药品及医疗器械口岸、进口澳大利亚屠宰用牛口岸、进境粮食指定口岸获得质检总局批准正在抓紧筹建，这些口岸建成投用后将进一步完善郑州综保区的口岸功能。

新郑综合保税区片区已经建成的保税物流设施有：

（1）卡口及通道设施。新郑综合保税区（一期）设置主卡口一个，行政卡口一个。主卡口宽度 105.2 米，建筑高度 20.7 米，共 16 条通道（8 进 8 出，含 2 条行政通道）。行政卡口宽度 36.9 米。

（2）监管设施。新郑综合保税区（一期）查验场地占地面积 18600 平方米，其中海关监管仓库 3860 平方米，检验检疫监管仓库 2628 平方米，查验场地内配有 1 台电子地磅和照明设施等，在卡口、通道、待检场地、查验平台、监管仓库等均设置完备覆盖整个综合保税区的有效的视频监控系统。

（3）检验检疫熏蒸场所。新郑综合保税区（一期）熏蒸场占地面积 2000 平方米，辅助用房 452 平方米，设有检验检疫所需的熏蒸消毒或销毁处理场所和设施，警示标志符合安全要求，并配有现场办公用房和消毒器具，以及存放待处理物品的防疫库。

（4）办公及配套设施。新郑综合保税区为驻区海关及检验检疫部门建成临时办公用房，申报、报检办事大厅总面积约 5573 平方米，海关查验用房 1103 平方米，检验检疫用房面积 656 平方米，并提供办公条件保障。申报大厅一楼设有海关临时监控中心和机房，面积分别约为 100 平方米、30 平方米；国检临时机房位于申报大厅二楼，面积约为 30 平方米。

（5）各类仓储设施。肉类进口指定口岸建设有 1 号冷库、2 号冷库，主体均为单层钢结构，联检大楼地下一层、地上五层；另外还有卡口、X 光查验通道、检疫处理区、堆场、围网等，设置出入通道、作业、冷库、检疫处理、应急处理、综合服务等功能区；保税仓库用房，共 2 栋，恒丰跨境电商仓库共 4 栋，机场货站仓库和综保区口岸作业区仓库等。

新郑综合保税区片区的支撑项目有：

（1）建立了与 12 个直属海关的区域通关机制。架起各地市与航空港之间货物互通的桥梁，属地海关接单到机场海关查验放行由原来的 30 小时压缩到 5.5 小时，通关效率大幅提高。

（2）移动通信终端（手机）设备重点检测实验室落户。中西部首个移动通信终端（手机）设备重点检测实验室落户郑州新郑综合保税区，促进河南手机生产和出口。

（3）河南进口肉类指定口岸获批。河南进口肉类指定口岸获批，可进一步加快航空物流发展，缩短河南肉类企业进口时间。目前已正式开工建设，力争早日通过国家质检总局及郑州海关的验收。

（4）保税货物结转试点获批。保税货物结转试点获批，进一步完善了综保区功能。

（5）获得综合经济实验区海关国内地区代码。海关国内地区代码的获得标志着实验区正式以独立的经济区划被纳入海关统计。

（四）空港物流园

空港物流园作为与新郑国际机场、新郑综合保税区两大组团的航空货运、保税物流物流功能互补组团目前还在招商建设期，已经签约入驻了菜鸟"智能骨干网"、苏宁云商华中区域枢纽、唯品会中部地区运营中心、中外运中部区域空港物流网络枢纽、DHL 中西区物流分拨中心、顺丰电商产业园、聚多云电子商务产业园、TCL 华中电子商务配送中心、普传物流港、普洛斯空港物流园、丰树空港物流运营平台、绿地国际会展中心等 20 多个项目，总投资超过 500 亿元。初步构建了航空物流和快递物流产业集群。

三、航空物流业发展模式及业务模式不断创新

（一）航空港实验区航空物流业发展"郑州模式"

郑州航空港综合实验区航空物流业发展"大枢纽、大物流、大产业——郑州模式"是在"一带一路"战略引领下的枢纽体系构建 + 政府推进以园区为依托的产业集聚两种发展模式的集合，"郑州模式"的实践是我国物流园区内涵的完善和产业发展模式的创新。"郑州模式"的经验做法。

1. 织天网、联地网，打造"一带一路"战略核心节点

为落实国家"一带一路"和发展航空港经济战略部署，郑州航空港实验区按照"建设大枢纽、发展大物流、培育大产业"的发展思路，探索确立了"货运为先，以货带客；国际为先，以外带内；以干为先，公铁集疏"航空货运"郑州模式"，着力构建"铁、公、机"多式联运体系，打造"连通境内外、辐射东中西"的国际物流通道枢纽，奠定了"一带一路"战略核心节点的枢纽地位。

（1）织天网。在中国民航局的大力支持下，郑州机场已开通全货运航线 32 条，其中国际地区全货运航线 28 条，位居中国内陆地区第一位，货运航空公司 17 家，通航城市 92 个，形成了覆盖中国内陆主要城市与欧、美、亚和大洋洲的航线网络。2014 年 1 月，河南航投成功收购欧洲最大的卢森堡货运航空公司 35％的股权，同时与卢森堡货航在郑州成立合资货运航空公司和飞机维修公司，

郑州成为卢森堡货航全球第二个枢纽机场,实现了郑州与欧、美、亚三大经济区域的互联互通,成功搭建起了空中"丝绸之路"。第五航权航线成功开行,构成了"环球飞"循环网络,开启了郑州打造国际航空货运枢纽的新阶段,使郑州成为连通欧洲与美洲的重要航空节点。2013 年 5 月 8 日,郑州机场航空物流信息平台正式上线试运行,目前能够完成货物在主运单层面上的机场到机场以及在分运单层面上的门到门货物的计划与跟踪,提供从货主、货运代理、机场柜台、机场仓库到承运人的业务支撑平台以及各业务之间的数据交互支持,成为与"中西部物流枢纽"配套的航空物流电子枢纽。

(2)联地网。全省铁路营业里程 4822 千米,其中高速铁路 865 千米,居全国第二位。郑州至德国汉堡的郑欧班列已实现常态化运营,每周 3 班,打通了郑州—新疆—欧洲国际铁路物流大通道,比海运节约 20 天时间。紧邻郑州机场的高铁南站选址已经确定,将成为济南至重庆、太原至合肥的高速铁路交会站,也是中原城市群 10 座城市城际铁路的中心站,已经开工建设;加之已经开通运行的京广、徐兰高铁,高速铁路将在郑州机场形成一个"米"字交叉,另有地铁 2 号、12 号、17 号线进入郑州机场。"五纵六横"的货运铁路网和以郑州为中心的"米"字形高铁网为园区发展多式联运提供了良好的条件。

全省高速公路通车里程 6000 千米,连续八年位居全国第一位,已实现所有县城 20 分钟内上高速公路。连霍高速、京港澳高速两大干线高速公路在郑州机场周边交会,将与正在建设的商登高速和机西高速构建围绕园区的"井"字形高速公路网,开通了郑州至北京、上海、广州等 45 个重要城市的卡车航班,每周 238 班,延伸至二、三线城市,打造了航空货物"门到门"快速运输系统。

依托贯穿河南全境的"米"字形高速公路网和高速铁路网,打造"铁、公、机"多式联运体系,郑州新郑机场二期工程中能够实现运"零距离换乘"和货运"无缝衔接"的现代综合交通模式,奠定了郑州连通境内外、辐射东中西的物流通道枢纽地位,塑造了郑州特有的配套集疏的综合竞争优势。

2. 聚物流,产流互动,打造产业集聚新高地

通过打造国际航空物流枢纽和多式联运体系的形成,带动了一大批国际、国内知名的物流企业在航空港实验区抢滩登陆,谋求发展。截至目前,已有卢森堡

货运、南航河南公司、UPS、俄罗斯空桥货运、DHL、丹马士、辛克、中国邮政、顺丰速运、中外运空运、菜鸟网络、苏宁云商、唯品会、聚多云、TCL 配送、传化物流、普洛斯、丰树、嘉民、海程邦达、贰仟家等 150 多家物流企业入驻园区，完成货物吞吐量 343.14 万吨，实现营业收入 65.3 亿元，税收 3.4 亿元，就业人数 4104 人。

物流从后台保障走向前台引导，带动了园区周边高端制造业、现代服务业的集聚发展，构建了以航空物流为基础、航空关联产业为支撑的航空港经济产业体系。截至目前，已有富士康、中兴、酷派、天宇、创维、朝虹电子、正威集团、友嘉精密制造、啸鹰航空制造、北斗导航、中航工业、中国移动、百度、腾讯、中民投、复星集团、中行、建行、工行、农行、交行、绿地、万科、中瑞大宗商品等 200 多家高端制造业和现代服务业企业入驻航空港实验区。

2014 年，航空港实验区生产智能手机 1.43 亿部，占全球智能手机产量的 1/8，全球智能终端手机生产基地已经形成；精密机械产业园、生物医药产业园、飞机制造与维修产业园、电子商务产业园、商贸会展产业园、电子信息产业园等产业园区已见雏形。

实践证明，包括航空、高速公路、高铁在内由"互联网＋"武装的"三高速物流"正在演变为新生产力和战略性新兴产业的重要组成部分。"三高速物流"正在将千百年来的"空间公里距离"改变缩短为"时间小时分秒距离"，拉近空间距离的市场要素，推动经济资源快速集聚集中，形成新的产业链、产业集群、产业圈和巨大的产业能量，培育出新的生产力和地区城市的新"增长极"。另外，高端制造、电子信息产业的发展也需要高端物流服务，产流互动，推进了郑州电子信息产业、航空物流产业的跨越发展。

3. 建口岸，大通关，打造内陆开放新高地

近 3 年来，河南省委省政府、郑州市委市政府、实验区党工委管委会把口岸建设作为打造郑州成为内陆开放高地的关键举措加快推进。

一是与海关总署和国家质检总局签署了合作备忘录，明确在完善航空口岸功能、海关特殊监管区域建设发展、跨境贸易电子商务服务试点等方面给予支持。

二是国家进口肉类指定口岸、进口水果口岸、进口冰鲜水产品口岸、进口汽

车口岸已建成运营，进口澳大利亚屠宰用牛指定口岸、进口药品口岸、粮食口岸等已获批正在抓紧筹建。

三是经过积极争取，郑州已被列为"一带一路"大通关试点城市，与北京、天津、满洲里、上海、南京、青岛、深圳、乌鲁木齐、广州、黄埔、太原、西安12个直属海关开通了区域通关业务，获批保税货物结转试点，属地海关接单到机场海关查验放行由原来的30小时压缩到5.5小时。

四是实施区港联动。按照大通关的口岸管理模式，整合综合保税区的政策优势和机场口岸的区位优势，在综合保税区和机场港口岸之间开辟直接通道，实现"一次申报、一次查验、一次放行"的便利化通关新流程，促进综合保税区和机场口岸在区域、资产、信息、业务等方面的联动发展，实现政策叠加、优势互补、资源整合、功能集成。

五是河南省电子口岸平台已上线运行，实现了海关、检验检疫、国税、商务等14个通关单位的互联互通，真正实现一个门户入网、一次认证登录和一站式通关服务，使进出口企业减少30%以上的关检重复申报项目，平均通关时间由3小时缩短为1.5小时。

六是快件监管中心获批运行；获得通往13个国际城市的航空快件总包直封权。继先期开通的13个国际城市，还将陆续申请至乌克兰、韩国、新加坡、泰国等地的国际快件出口总包直封权。

七是郑州机场航空口岸获批口岸签证权，"落地签"已实施。完善的口岸功能和便捷高效的通关效率为航空物流业的发展提供了强大的内生动力，打通了连通世界、融入全球的通道，以其成功实践改变着中国内陆对外开放的格局。

（二）新郑国际机场片区功能及业务模式

新郑国际机场片区功能主要有分拨集拼、出口集拼、进口分拨、卡车航班、中转处理、仓储空中运输等。

新郑国际机场片区是围绕郑州机场相关业务进行，郑州机场2013年先后开展了国际快件业务、保税航油加注业务，启用了综保区货站，实行"24小时预约通关"机制。2014年是空地集散模式为主，形成了除西藏以外的辐射全国各大中型城市的卡车网络，同时依托航线网络优势开展国际国内货物"空空中转"

和"空陆联运"。

在河南增长的航空货运物流中，从外地组织的货源占货运相当一部分份额，主要是因为长三角、环渤海及河南周边地区的货源增速较快。以郑州机场为中心，在半径 1000 千米的范围内，全部可通过卡车集聚货物，这是"空陆联运"；把中国香港、中国台湾以及韩国等地的货物，运送到郑州，再分拨到国内其他市场或欧洲、美洲等地，就是"空空中转"。

具体业务模式有：货物集散（分拨集拼、出口集拼、进口分拨）、地面运输（卡车航班，通过公路港实现面对面运输），中转处理、海关报检（保税仓储）等、仓储（冷库、危险品仓库、鲜活农产品等）、机场处理、空中运输。

（三）新郑综合保税区片区功能及业务模式

新郑综合保税区片区功能主要规划有保税加工、保税物流、口岸作业和综合服务四大功能区，将重点发展保税加工、现代物流、服务贸易、保税研发、监测维修、保税展览、特色金融以及特种商品进出口等业务功能。

新郑综合保税区片区的业务模式主要有保税加工、保税仓储、口岸作业（肉类口岸、药品及医疗器械口岸、活牛口岸）、综合服务等业务，另外有检验检疫、服务贸易、保税研发、监测维修、保税展览、特色金融以及特种商品进出口等业务。

（四）空港物流园片区功能及业务模式

空港物流园的业务功能是与新郑国际机场、新郑综合保税区两大组团的航空货运、保税物流物流功能互补、信息共享，在满足机场、产业、辐射区域集散圈层的规模物流需求基础上进行规划设计，后期建设的航空物流园将由七大物流功能构成：交易展示中心、冷链物流中心、电商物流中心、集疏分拨中心、多式联运中心、供应链基地、企业总部基地。

空港物流园片区的业务模式谋划基于机场、产业、辐射集散圈层三维空间来考虑，主要有对接机场"空地中转"、"空空中转"的货物运输、会展物流、集疏分拨业务模式，对接郑州航空港实验区电子信息，精密制造、生物医药、航空制造等高端制造业及电子商务、商贸会展等现代服务业物流业务模式，对接实验区辐射圈层的货物中转、集散业务模式。

第二节　航空港实验区航空物流产业发展方向及目标

一、发展思路

深入贯彻科学发展观，依据《郑州航空港经济综合实验区发展规划（2013～2025 年）》，按照"货运优先，以货带客；干线优先，公铁集疏；国际优先，以外促内"的发展原则，以建设国际航空货运枢纽为目标，以航线网络体系建设为核心，以航空货运运营主体引进为重点，以航空物流发展平台建设为切入点，以完善提升口岸功能，扎实推进大通关机制建设为突破口，积极争取配套优惠政策，力争在"十三五"末将郑州航空港初步建成全国重要的国际航空物流中心。

二、发展目标

充分发挥郑州航空港实验区的交通区位优势，力争到 2020 年郑州机场航空货邮吞吐量达到 100 万吨，年均增长 14.87%。力争新签约引进重大航空物流项目 20 个，加快推进航空物流园建设，加快完善分拨转运、仓储配送、交易展示、加工、信息服务等功能。

三、2015 年重点工作任务

2015 年，航空港区物流业发展将紧紧围绕郑州航空港区的"一个枢纽、一个专案、三大片区、十个招商项目、十个产业项目、十个城市功能项目、十个要素平台项目建设"重点任务展开，重点抓好以下工作：

（1）完善物流基础设施，加快航空枢纽设施建设。全面保障机场二期及配套工程建设，抓好振兴路、云港路、航海路改扩建及迎宾路高架地面段工程。

（2）稳步推进多式联运体系建设。重点抓好郑州高铁南站项目前期工作，全面连通航空港区与京港澳高速、机场高速、郑民高速、四港联动大道等快速陆路通道。

（3）积极拓展并加密国内外航线网络。积极引进基地航空公司，全面配合做好航空公司引进、航线开辟及加密等工作。

（4）加快推进新郑综合保税区三期围网建设工作。

（5）加快重点物流产业项目建设。加快富士康航空物流园推进步伐，争取尽快取得实质性进展；加大与菜鸟项目对接力度，争取早日开工建设；加快唯品会中部地区物流基地项目各项手续办理进度，力争早日开工建设；加快推进郑州普传物流基地项目建设工作；加快推进苏宁云商华中区域枢纽项目推进步伐；加快推进顺丰电商产业园项目建设工作；加快推进 TCL 华中电子商务配送中心项目建设工作。

（6）强力推进重点物流招商项目。重点跟进圆通速递航空货运枢纽、中国邮政国际航空邮件转运集散中心和邮航基地、亚马逊区域物流枢纽基地等重点物流招商项目。紧密结合航空港区高端制造业、电子信息产业发展，重点引进关联产业的全球供应链集成服务供应商。

（7）加快重点航空物流要素平台建设。做好河南电子口岸服务中心、跨境贸易平台、进口肉类指定口岸建设工作；加快推进进口食品药品医疗器械口岸项目建设工作；加快推进大宗商品交易中心、欧洲制造之窗项目建设工作；加快推进公共资源交易平台建设工作；加快推进土地交易中心建设工作；加快推进投融资平台建设工作。

（8）加快电子商务产业发展。按照多区域、多园区、多模式，大力推进电子商务示范园区建设工作。加快中部国际电子商务产业园的招商工作。加快航空港实验区跨境 E 贸易发展，组建电商团队。

（9）重点发展航空物流、保税物流、电子信息产业物流、电子商务快递、冷链物流等专业特色物流。

（10）谋划航空港实验区"十三五"重大物流项目，积极争取进入国家、省、市"十三五"规划。

四、现代物流业发展建议

（一）在自贸试验区背景下打造国际航空物流中心

国家级航空港实验区应当以面向全球、全方位开放的海陆空新型国际交通体系格局来谋划"全球化"的国际航空交通体系、国际航空物流体系，通过构筑国际航空物流体系，将航空港实验区打造成为资源的对接对流平台。依托港区的政策优势，通过跨境贸易电子商务平台，将河南保税物流园区和新郑保税区各自功能能紧密结合，创新管理办法和运营模式，在跨境电商物流、海外仓物流配送服务方面有所突破，打造郑州跨境电子贸易商务"特区"，促进现代贸易服务要素向郑州市集结。

（二）参与国际"智慧安检"标准建设

通过积极参与国际"智慧安检"标准框架建设，按照国际"智慧安检"标准构建一个自动化、可视化、可控化、智能化、系统化、网络化的航空物流体系，通过机场主动提供服务、政府强力保障支持、航空货运公司勇于开拓创新，实现实验区全方位的创新、变革、发展；通过加强北斗导航、物联网、云计算、大数据、移动互联等先进信息技术在物流领域的应用，在郑州航空港实验区构建一个融自动化、可视化、可控化、智能化、系统化、网络化的及物流、资金流、信息流为一体的智能航空大都市流通体系。

为实现"智慧安检—智慧空港"的目标，智慧航空物流中心建设内容和任务为，1个统一的物流公共信息平台；4个体系，智慧的航空货运体系、电子口岸体系、物流仓储体系、物流配送体系；三大物流组团与7大专业化物流中心的智能化建设以及信息与数据的互联互通，多式联运的建设以及全港数百家物流企业的信息化水平提升。

（三）大力招引基地航空公司

逐步壮大以航空运输、航空维修等为代表的航空服务业。按照"开美、扩欧、拓非、连亚"指导思想，引进基地航空公司，开辟新的航线，提升航空运能。大力招引基地航空公司总部和外航办事处，重点推进俄罗斯空桥航空基地项目；加强对接卢森堡国际货运航空公司货运基地项目。

（四）大力发展特色产品物流

依托产业基础和区位优势，瞄准食品、海鲜、红酒、药品、时装、花卉等特色产品物流，定点定项招商，争取高端消费品和奢侈品从这里进口，努力建设全球重要的产品交易展示中心和国内进出口货物集散中心。

加快推进中国（郑州）国际商品交易中心、北海宏远水产品冷链物流、永之兴航空冷链物流等食品冷链物流项目，争取项目早日建成投用。

着力引进大型商贸物流企业，争取高端消费品和奢侈品从郑州进口，努力构建大型商贸物流企业基地配送分拨中心。

（五）大力发展航空快递物流

着力引进快递龙头企业，建设区域快递物流基地，构建规模化、网络化航空快递服务体系，加快建设航空快递转运中心。加快推进 TNT 天地华宇中原陆运中转枢纽、中外运中部区域空港物流网络枢纽、顺丰电商产业园等项目建设，力争项目早日开工建设；加强对接 UPS、DHL、中国邮政等国内外知名龙头快递企业，争取快递/快件集散中心项目落户航空港实验区。

（六）积极推进国际中转物流

大力支持境外航空公司、货代企业以郑州机场为基地，发展中转业务，建设国际航空货运枢纽。鼓励丹马士物流公司、海程邦达国际物流公司、郑州中夕物流有限公司等航空货运代理企业在实验区做大做强，广开航空货运渠道，广聚货源，培育和开发货运市场。

（七）强化航空物流配套服务

做好各类专业物流园区招商，积极推进物流园区建设，完善分拨转运、仓储配送、交易展示、加工等功能，不断强化航空物流配套能力。重点推进菜鸟"智能骨干网"、普洛斯空港物流园、富士康航空物流园、顺丰电商产业园、传化物流园、TCL 华中电商配送中心、聚多云电商产业园、大河文化物流园等 20 个物流项目建设，力争早日建成投用。推动河南国际中转物流、航空物流、电子商务、航空快递、综合保税、信息金融等关联产业和配套服务的发展，快速提升郑州国际航空货运物流中心的地位。

（八）吸引高端现代物流企业和人才集聚

要加快培育或引入国际国内大型综合物流服务商，对于入驻港区尤其是国际航空物流港的物流企业的经营业态、品牌与商誉、投资强度等方面设立严格门限。"大物流"需要有规模、有网络、有客户、有技术、有资金的大企业去组织实现点的规模效应，像蜘蛛一样织成点线面有机结合的网状体来建设"一带一路"物流，推进商贸物流综合配套创新、流通创新和电子商务创新，做大做强流通。进一步加大现代物流产业招商引资力度，建立现代物流产业项目库，对于入驻企业在用地、税收、融资等方面给予优惠政策。积极引进国际物流、国际贸易、货运代理、金融结算、融资租赁、电子商务、物流信息等方面高端人才。支持在郑州的高等院校、各类职业院校与企业合作，建立高技能人才实训基地。

参考文献

［1］侯汉平，徐寿波．基于大物流分形的 X 方物流结构与优化［J］．中国流通经济，2005（7）．

［2］杨长春．论国际贸易与国际物流的关系［J］．国际贸易，2007（10）．

［3］2013 年河南省进出口总值排在全国第 12 位［N］．河南日报，2014 – 01 – 28．

［4］郑欧班列集货范围覆盖至国外［EB/OL］，网易，2014 – 04 – 24．

［5］河南打造内陆"无水港"加快建设全国现代物流中心［N］．新华社，2012 – 11 –03．

［6］王姣娥，莫辉辉，金凤君．世界机场空间格局及对中国的启示［J］．世界地理研究，2008（9）．

［7］李炳谦．航空公司雇员与机队趋势预测［EB/OL］，民航资源网，2013 – 04 – 02．

［8］刘海明．货运拼图：中国航空货运市场格局——游戏参与者与市场格局［J］．空运商务，2012（12）．

［9］潘坤友，曹有挥，魏鸿雁．我国航空货运网络结构研究［J］．经济地理，2007（7）．

［10］孙荷艳．航空货运业及相关物流业浅析［J］．辽宁经济，2011（1）．

［11］李宏斌．试论航空经济概念与发展［J］．北京航空航天大学学报（社会科学版），2014（2）．

［12］曹允春，王铮．青岛临空经济发展模式研究［J］．改革与战略，2010（8）．

［13］郭永辉．航空物流理论与实践［M］．北京：经济科学出版社，2014：12－17.

［14］张蕾，陈雯．空港经济区产业结构演变特征——以长三角枢纽机场为例［J］．地理科学进展，2012（12）．

［15］曹允春，沈丹阳．航空物流产业形成机理［J］．商业研究，2010（1）．

［16］奕笑天．航空物流产业发展研究［J］．铁路采购与物流，2011（7）．

［17］陆华，刘凯．物流枢纽形成与演进机理研究［J］．综合运输，2013（2）．

［18］董雷，刘凯．物流枢纽的内涵与特性分析［J］．综合运输，2008（3）．

［19］第三次全国中心城市理论会秘书处．城市的体制改革与流通中心作用［M］．北京：中国展望出版社，1985.

［20］张宁，韩德强，陈蒂．我国发展国际航空枢纽的战略思考［J］．综合运输，2011（10）．

［21］李都．国际航空枢纽与国际航空运输［J］．中国民用航空，2001（1）．

［22］陈春益，锺再复，王以南．在台湾地区设置亚太物流中心之探讨［A］．2007年台湾地区国际物流研讨会论文集．

［23］散襄军．国际物流系统运作研究［J］．南开管理评论，2002（2）．

［24］柴显龙．国际物流中心的内涵、类型和运行模式［J］．浙江经济，2005（5）．

［25］李辉民．航运中心在国际物流中的地位与作用［J］．集装箱化，2008（5）．

［26］白杨，朱金福．航空物流系统的概念模型与结构分析［J］．企业经济，2009（1）．

［27］赵延峰．互联网经济时代背景下国家物流中心体系设计［J］．综合运输，2014（1）．

[28] 王继毅. 港口物流中心功能及定位分析 [J]. 中国集团经济，2009（9）.

　　[29] 龙高. 新亚欧大陆桥经济方略 [M]. 南京：东南大学出版社，1998.

　　[30] 陈卫，匡旭娟，杨永平，李红昌. 关于民航强国战略背景下我国航空物流发展的探讨 [J]. 物流技术，2010（3）.

　　[31] 郑州机场中转服务联盟今日正式成立 [EB/OL]. 大河网，2013 - 04 - 26.

　　[32] 张科峰. 河南省 2013 年 GDP 首次跨入"三万亿俱乐部" [N]. 河南商报，2014 - 01 - 24.

　　[33] 程杰. 河南省承接产业转移的绩效分析 [J]. 河南社会科学，2013（2）.

　　[34] 任金玲. 促进河南省承接产业转移研究——基于生产性服务业视角 [J]. 时代经贸，2014（5）.

　　[35] 郑州航空港建设"热力"十足 [N]. 河南日报，2014 - 05 - 18.

　　[36] 郑州海关支持航空港十项措施初见成效通关效能提升综保区 [N]. 河南日报，2013 - 11 - 30.

　　[37] 欧阳杰. 关于我国西部国际枢纽机场布局的思考 [J]. 国际航空杂志，2006（7）.

　　[38] 齐健，王丽. 我国将通过打造若干航空枢纽群参与国际航线竞争 [N]. 经济参考报，2011 - 04 - 11.

　　[39] 陈华，王爱民. 从长三角地区经济发展看上海中远期航空枢纽战略布局 [J]. 上海经济研究，2007（8）.

　　[40] 郑州航空港经济综合实验区发展规划 [Z]. 河南省人民政府，2013 - 03 - 07.

　　[41] 郑州市人民政府关于郑州市加快推进国际物流中心建设的意见 [Z]. 2011 - 06 - 11.

　　[42] 起飞的"中原梦" [N]. 大河报，2013 - 04 - 25.

　　[43] 国家发展改革委关于印发促进综合交通枢纽发展的指导意见的通知

［Z］．2013－04－02．

　［44］总书记考察郑州国际陆港［N］．郑州晚报，2014－05－12.

　［45］河南省人民政府办公厅．2013年河南省服务业重点领域发展行动方案［Z］．2013－08－20.

　［46］郑州航空港经济综合实验区召开2014年工作会议［Z］．2014－02－18.

　［47］范珍．承接产业转移与西部"无水港"建设问题研究［J］．物流技术，2012（5）．

　［48］汪鸣．当前物流基础设施建设和发展中值得注意的几个问题［J］．铁道运输与经济，2004（8）．

　［49］郑州：现代综合交通枢纽规划研究通过评审［J］．交通科技信息，2013（4）．

　［50］河南：建设大交通发展大物流体系［N］．河南日报，2013－10－29.

　［51］郑州航空港经济综合实验区的完整版图解析［N］．河南日报，2014－03－03.

　［52］《郑州航空港经济综合实验区发展规划》解读之三［J］．河南省人民政府公报，2013（14）．

　［53］吴之凌，汪勰．芝加哥的发展经验对我国中部城市的启示［J］．城市规划学刊，2005（4）．

　［54］黄玮．中心走廊绿色空间——大芝加哥都市区2040区域框架规划［J］．国外城市规划，2006（4）．

　［55］张庭伟．当代美国规划研究与芝加哥经济转型［J］．国外城市规划，2006（4）．

　［56］王章留，郝爱民，杨波．航空经济理论与实践［M］．北京：经济科学出版社，2013.

　［57］谭惠卓．世界最大的货运枢纽——孟菲斯国际机场［J］．空运商务，2002（28）．

　［58］刘明君，刘海波，高峰，刘智丽．国际机场航空物流发展经验与启示［J］．北京交通大学学报（社会科学版），2009（10）．

［59］郑州新郑综合保税区招商引资［EB/OL］，凤凰网，2013 – 04 – 18.

［60］王永康．论航空物流信息化与电子货运［J］．决策与信息，2012（6）．

［61］鱼龙．香港物流经典案例［M］．重庆：重庆大学出版社，2006.

［62］刘北辰．卢森堡物流业管窥［J］．湖南包装，2013（1）．

［63］商务部研究院课题组．中国快递市场发展研究报告［J］．经济研究参考，2006（34）．

［64］吴颂华．电商时代航空货运的变革与发展［J］．中国民用航空，2013（7）．

［65］卞士生．郑州新郑国际机场开通货运航线大盘点［EB/OL］．民航资源网，2014 – 05 – 06.

［66］李云溪．航空货运业的特性［J］．空中商务，2013（10）．

［67］王震谷，陈学斌．浅谈国际航空货运代理的独立经营人责任限制的适用条件［EB/OL］．中国法院网，2005 – 01 – 17.

［68］周道义．我国航空货运分销渠道分析与研究［J］．空运商务，2009（5）．

［69］王玫．航空公司货运资源整合与商业模式转型之思考［J］．交通企业管理，2013（5）．

［70］东航试水电商卖"产地直销"生鲜［N］．新闻晚报，2013 – 09 – 05.

［71］于光妍．我国航空公司加入国际航空货运联盟的利弊分析［J］．空运商务，2012（17）．

［72］黎群．论航空公司战略联盟的经济动因［J］．中国铁道科学，2002（3）．

［73］葛小飞，李国军，谢远铭，陈梦，王欣，德永恒．国外成熟枢纽机场的运营经验及启示［J］．空运商务，2012（15）．

［74］谢泗薪，吕静．空地联运管理的运作剖析与策略创新［J］．铁路采购与物流，2009（4）．

［75］邓玉宽，刘磊，许南方，姚茂和．中国民航第一条卡车航线——"小

卡车"跑出全球"大网络"［J］. 空运商务，2012（11）.

［76］李雪. 郑州机场"卡车航班"投入运营［N］. 郑州晚报，2013 – 07 – 25.

［77］文雅. 中国航空物流业发展机制研究［J］. 改革与战略，2013（5）.

［78］跨境贸易成电商蓝海［N］. 北京商报，2013 – 10 – 17.

［79］外运发展：打造跨境物流电商平台［EB/OL］. 证券时报网，www. eastmoney. com，2013 年 10 月 9 日.

［80］郑州试水 E 贸易 跨境电商扎堆做外贸生意更方便了［N］. 河南日报，2014 – 02 – 27.

［81］谢泗薪，袁姣. 航空货运战略发展新视野：航空物流金融管理［J］. 空运商务，2012（11）.

［82］张泽一. 产业政策的影响因素及其作用机制［J］. 生产力研究，2009（10）.

［83］《民航体制改革方案》. 国发［2002］6 号［Z］.

［84］贺富永，李乾贵. 全球化背景下我国航空运输业政府管理体制改革的历程与方向探析［J］. 中国行政管理，2013（6）.

［85］中国废止机场建设费有关规定，改征民航发展基金［Z］. 财政部，2012 – 04 – 17.

［86］国务院办公厅印发. 促进民航业发展重点工作分工方案［Z］. 中国民航局，www. caac. gov. cn，2013 – 01 – 15.

［87］中国民用航空发展第十二个五年规划（2011～2015 年）［Z］. 中国民航局，www. caac. gov. cn，2011 – 05 – 09.

［88］耿淑香. 转型发展时期中国民航业管制政策［J］. 首都经济贸易大学学报，2013（1）.

［89］河南省发展航空物流公布 20 条优惠政策支持［EB/OL］. 大河网，2014 – 7 – 19

［90］河南省人民政府办公厅关于支持郑州航空港经济综合实验区发展的意见（豫政办［2013］93 号）［Z］. 2013 – 11 – 12.

［91］河南省人民政府办公厅关于郑州航空港经济综合实验区与省直部门建立直通车制度的实施意见［EB/OL］．河南省政府门户网站，www. henan. gov. cn，2013 – 11 – 12.

［92］省科技厅出台十项举措　支持航空港创新发展［N］．河南日报，2013 – 09 – 01.

［93］河南省商务厅五项措施支持郑州航空港建设［N］．河南日报，2013 – 09 – 24.

［94］省台办出台《关于支持服务郑州航空港经济综合实验区建设的意见》［EB/OL］．华夏经纬网，2014 – 01 – 02.

［95］河南省人民政府办公厅关于加快电子口岸建设的通知［EB/OL］．河南省政府门户网站，www. henan. gov. cn，2014 – 01 – 07.

［96］郑州航空港经济综合实验区概念性总体规划获省政府批复［EB/OL］．河南省政府门户网站，www. henan. gov. cn，2014 – 02 – 25.

［97］《郑州航空港经济综合实验区综合交通规划》通过专家评审［N］．河南日报，2014 – 03 – 13.

［98］人行郑州中支和外汇局河南省分局联合出台支持郑州航空港发展的意见［EB/OL］．河南省政府门户网站，www. henan. gov. cn，2014 – 03 – 19.

［99］郑州航空港经济综合实验区有多方面先行先试权［N］．郑州晚报，2013 – 04 – 04.

［100］林勇，王健．我国现代物流政策体系的缺位与构建［J］．商业研究，2006（18）．

［101］中国民航新闻信息网．国内投资民用航空业规定，中华人民共和国民用航空法［EB/OL］．中国政府门户网站，www. gov. cn，2005 – 8 – 23.

［102］外商投资民用航空业规定（全文）［EB/OL］．中国民航总局网站，2002 – 07 – 08.

［103］民用航空行政处罚实施办法［EB/OL］．中国民航总局网站，2003 – 03 – 19.

［104］中国民用航空国内航线经营许可管理程序［EB/OL］．中国民航总局

网站，2008 – 03 – 12.

［105］公共航空运输企业经营许可规定［EB/OL］．中国民航总局网站，2008 – 03 – 12.

［106］关于进一步促进航空货运发展的政策措施（征求意见稿）发布［J］．空运商务，2009 – 08 – 01.

［107］林华．航空业对外资开放"引狼入室"还是产业振兴［N］．中国商报，2009 – 11 – 03.

［108］国家邮政局工业和信息化部关于推进快递服务制造业工作的指导意见（国邮发〔2013〕178 号）［Z］．2013 – 10 – 14.

［109］国务院办公厅转发商务部等部门关于实施支持跨境电子商务零售出口有关政策意见的通知（国办发〔2013〕89 号）［Z］．2013 – 8 – 21.

［110］国务院办公厅关于促进物流业健康发展政策措施的意见（国办发〔2011〕38 号）［Z］．2011.

［111］关于成都双流等 3 个机场民航国际航班使用保税航空燃油有关税收政策的通知（财税〔2013〕1 号）［Z］．2013.

［112］财政部、国家税务总局关于海峡两岸空中直航营业税和企业所得税政策的通知（财税〔2010〕63 号）［Z］．2010.

［113］财政部、商务部关于印发《中小企业国际市场开拓资金管理办法》的通知（财企〔2010〕87 号）［Z］．2010.

［114］财政部、国家税务总局关于进一步提高部分商品出口退税率的通知（财税〔2009〕88 号）［Z］．2009.

［115］财政部关于印发《中央财政促进服务业发展专项资金管理暂行办法》的通知（财建〔2007〕853 号）［Z］．2007.

［116］民航总局新政将落实支线航空将获 10 亿财政补贴［N］．北京商报，2007 – 10 – 09.

［117］河南促快递服务业发展用新能源汽车投递有补贴［N］．河南日报，2014 – 06 – 18.

［118］郭军．白云机场国际货运航线获得政府巨额财政补贴［EB/OL］．广

东新闻网，2008 - 11 - 28.

［119］基本建设贷款贴息破解民航建设融资难题［EB/OL］．中国网，www. china. com. cn，2012 - 02 - 01.

［120］国务院：减轻物流税收负担加大土地政策支持力度［EB/OL］．中国新闻网，2011 - 08 - 19.

［121］研究室．涉及物流企业的部分行政事业性收费被取消［EB/OL］．中国物流与采购联合会网，2012 - 03 - 07.

［122］各级政府部门对 A 级物流企业的相关政策措施［EB/OL］．安徽物流公共信息平台，2012 - 06 - 07.